JN324902

教育課程・方法の論究

小川哲哉・生越達・佐藤環・杉本憲子 著

青簡舎

は じ め に

　近年の学力論争をはじめとする教育論議では、学校教育における教育課程（カリキュラム）や教育方法（授業論等）の方向性をめぐって活発なやり取りが行われている。2008年に改訂された学習指導要領では、これまでの「生きる力」を育む教育のあり方を受け継ぎながら、「確かな学力」を培う教育実践が重視されるようになった。それには PISA 調査の結果を受けた国際的な教育改革の動きに連動した側面も見出せる。子どもたちに、どのような内容の教育を、いかなる方法で教えていくかの重要性は今も昔も学校教育の大きな課題であろう。

　本書は、教育課程と教育方法の基本的な知識から実践的な内容までを、歴史・思想・政策・実践という多様な視点から分析したテキストである。内容は二つの部分から構成されている。第1部では「教育課程の歴史と課題」について、教育課程の基本原理を押さえた上で、歴史的分析を行っている。歴史的分析では、近代日本の学校教育制度に即した教育課程の問題から、戦後日本の民主的教育課程の内容、そして近年の大きな教育改革の実態にまで触れている。さらに今日の学校における具体的な教育課程編成や教育評価の実態についても論究している。第2部では「教育実践学としての教育方法」を、教育実践における教師の存在に関する考察から、教育現場での児童生徒理解をふまえた上で、教師の学習指導と児童生徒たちの学習活動のあり方にも触れている。また昨今の急速な情報化社会の進展に対応した ICT 教育の現状と課題についても論究している。

　このように本書は、今日の学校教育において喫緊の課題である教育課程と教育方法の「理論＝実践」問題を多様な側面から考察し、その問題点と課題

を明らかにする内容となっている。本書が、教職課程で教師を目指している学生だけではなく、学力問題をはじめとするカリキュラムや教育方法に興味を持つ一般学生や現職の先生方、さらには近年の教育論議に興味関心を持っている一般の方々にも読んでいただければ、執筆者一同望外の幸せとなろう。

　最後にいつもながら青簡舎の大貫祥子氏から、的確なご指摘と多大なるご援助をいただいたことに対して御礼申し上げたい。

　　2013年3月

　　　　　　　　　　　　　　　　　　　　　　　　　　　　　執筆者一同

目　次

はじめに

第1部　教育課程の歴史と課題 …………………………………… 1
　第1章　教育課程の基本原理 ……………………………………… 3
　第2章　近代日本の学校教育課程 ………………………………… 13
　第3章　戦後日本の学校教育課程 ………………………………… 25
　第4章　教育改革と教育課程 ……………………………………… 38
　第5章　学校教育課程編成と教育評価 …………………………… 49

第2部　教育実践学としての教育方法 …………………………… 61
　第6章　現代教育の課題と教育方法学 …………………………… 63
　第7章　教育実践における教師の存在 …………………………… 76
　第8章　児童生徒理解と学習集団 ………………………………… 89
　第9章　学習指導の基礎的理解 …………………………………… 102
　第10章　学習指導の過程と教育評価 …………………………… 113
　第11章　教育の情報化の進展と授業におけるICT活用 ……… 125

関連資料 …………………………………………………………… 137
　教育ニ関スル勅語 ……………………………………………… 139
　日本国憲法（抄）……………………………………………… 140
　教育基本法及び改正教育基本法 ……………………………… 142
　教師の倫理綱領 ………………………………………………… 148
　期待される人間像（抜粋）…………………………………… 148
　小学校学習指導要領（抄）…………………………………… 154
　中学校学習指導要領（抄）…………………………………… 158

索引 …………………………………………………………………… 165

第1部

教育課程の歴史と課題

第 1 章　教育課程の基本原理

　人は日々様々なコミュニケーションを行っている。例えば言語を媒介にして会話し、意思の疎通を図り、互いの考えていることを理解する。ただ、何気ないコミュニケーション行為では、特別な意図に気づかれることはない。とりとめもない会話では特定の意味内容が意識されることもないし、そこに特定の行為の構造が意識されることもない。

　しかし教育行為、とりわけ教育的コミュニケーションでは、明らかに特別な構造が意識され、行為の目的が何であるかが問題にされる。というのも教育的コミュニケーションは、教育者が被教育者に特定の意図に基づいて文化伝達を図る行為であるからだ。そうした行為の基本要素が、教育目的、内容、方法であることはよく知られている。すなわち、特定の教育目的を設定して、その目的を達成するための教育内容を選択し、それを効果的な教育方法によって実現させていく。教育内容は、目的の実現に向けて極めて重要な要素となるものである。その際に、一定の教育の目的に合わせて考え出された教育内容、すなわち特定の修業年限で「教育」と「学習」を総合的に計画したものを「カリキュラム」と呼び、その中でもより包括的で、厳格に定められたプランを「教育課程」という。

　ここでは、カリキュラムと教育課程の基本的な原理や原則について論究したい。

1　カリキュラムの歴史的起源

　特定の教育目的を達成させるために、「何をどのように教えるべきか」に

ついての思索は古くから存在していたといわれている。例えば古代ギリシアでは、「調和的人間の育成」が教育目的とされており、そのためプラトンなどは善や人間形成のあり方と国家の政治体制の問題を探求しているし、ソフィストたちの関心事もそうした問題に向けられていた。すなわち国家の指導者を育成するために必要なものは、政治教育だけではなく教養教育も重視されたといわれている。それが意味しているのは、指導者は単に政治的術策にたけているだけではなく、様々な徳を持った幅の広い知識と見識を持っていることが重要であり、そのためたとえ非実用的な教養でも指導者の資質としては大切なものであるとされた。

このような古代ギリシアの教養思想は、その後中世の教会学校へと受け継がれていく。カトリックの教会学校は、将来のキリスト教会を担う指導者を養成する学校であったが、そこではギリシア的教養を基盤とする「七自由科（リベラールアーツ）」が神学を学ぶための基礎的な素養として重視された。七自由科とは、三学の文法、修辞学、弁証法（論理学）と、四科の算術、幾何、天文、音楽であり、これらの科目を学ぶことは、その後中世の大学でも重要視され、専門的な学問である法学や医学などを学ぶための不可欠な教養と見なされるようになった。

ただ、こうした七自由科が、特定の教授計画に基づいて学生自身が修得すべき課程（コース）として使われるようになるのは、16世紀後半のオランダのライデン大学や、英国のグラスゴー大学であったといわれている。これらの大学では「カリキュラム（curriculum）」という用語で修業年限や授業の規則を定めた、いわゆる教育課程が意識されていたという。というのも両大学はカルヴァン派の大学であり、規律や秩序を重んじる同派には精神的連続性や構造的統一性を尊重する傾向性があり、そのためにカリキュラムという考え方が大学教育の中に浸透していた。

そもそもカリキュラムの語源はラテン語（currere）であり、競技場の競走路のコースを意味したり、人生の履歴を指す言葉としても使われていたが、

ヨーロッパでは17世紀以降の近代的学校教育制度において、計画的な履修規定に基づいた教育課程を指す言葉として定着していく。

ここでは、以下今日に至るまでの代表的なカリキュラムの展開過程について明らかにしておきたい。

2　近代化と教科カリキュラム

17世紀以降の自然科学の発展に伴って、実学主義的な教育内容が重視されるようになると、それまでの古典語（ギリシア・ラテン語）や人文主義的教科から自然科学的教科や商工業関連の科目が大幅に増えていった。例えば青年たちを対象とする実科学校では、近代外国語、数学、化学、物理、測量、航海術、地理、簿記、建築、製図など教科が重視された。その後の19世紀後半、ヨーロッパの多くの国で公教育制度が確立すると、初等教育でも実学志向的な教育が必要とされていく。従来は、「読み、書き、計算（3 R's）」という基礎教育だけですまされた初等教育で地理、歴史、理科などの実科が取り入れられ、さらには手作業を重視する労作的科目として、体操、音楽、図画工作、裁縫などが導入されていった。

ところで、このような3 R's教育の流れを受けて、伝統的な知識や近代的技術や技能の学問体系を拠り所として科目を細分化し、体系的知識の構成を基本原理とするカリキュラムは「教科カリキュラム」と呼ばれ、そのカリキュラムに基づいて行われる学習は「系統学習」と呼ばれた。教科カリキュラムは、19世紀後半から20世紀初めの多くの先進諸国で一般的なカリキュラムとして受け入れられていったが、その歴史的背景としては、経済発展を支える人材育成のために効率の良い知識習得が求められていたからである。そのため、実践的な学問の体系的知識に基づいて構成される教科カリキュラムは時代の要請に沿うものであったといわれている。したがって社会のニーズに対応する形で多くの教科が創設されることになる。例えば、19世紀末の米国

の初等学校や中等学校では、一番多い時で30前後の教科が設けられていたといわれている。また、我が国でも明治初期の学制頒布当時、下等小学校においては、綴字、習字、単語、会話、読本、修身、書牘、文法、算術、養正法、地学大意、究理大意、体術、唱歌など14科目が設けられていた。

3 新教育運動と経験カリキュラム

　教科カリキュラムが各国の主要なカリキュラムであった20世紀初頭、その教科カリキュラムに対して様々な問題点が指摘されていた。特に問題だったのは、増え続ける教科数と、被教育者の興味や関心とは離れたところで決められていくカリキュラム編成であった。そもそも教科カリキュラム編成の原理・原則は、学問体系や実利的知識の必要性であり、それは教育を受ける主体たる児童生徒たちの知的欲求とは無関係なものである。教えられる側のニーズを考えない教科が、しかも増え続けることは児童生徒にとって苦痛以外のなにものでもないだろう。20世紀初頭以降の新教育運動では、こうした教科カリキュラムを批判し、そうしたカリキュラムを実践するため児童生徒に規律と従順さを強要し、知識の詰め込みや多人数授業を行う公教育制度が徹底的に批判された。そしてこの運動は、世界各地に広がりを見せることになる。

　とりわけ米国では、プラグマティズム哲学を提唱したJ.デューイが新教育運動を先導した。彼は主著『学校と社会』（1899年）の中で、子どもが中心となり、教師がその支援を図る児童中心主義的教育の重要性を指摘した。児童中心主義的教育で重要なのは、子どもの諸々の知的探究心であり、それが保障される生活経験を学校教育に組み込むことであった。こうした教育思想にとって、当時の伝統的学校や、そこで行われていた教科カリキュラムは、子どもたちの自発的な興味や関心とは全く乖離したものであった。

　デューイはシカゴ大学附属実験学校において、日常的な生活経験と教室で

の経験の障壁を取り払うことに腐心した。カリキュラムの中心におかれたのは、日常的な生産活動（例えば料理、裁縫、木工など）である「手作業」であり、子どもたちは地域社会の住民が日々体験している諸問題の解決プロセスを学校教育において学ぶことが重視された。従来の伝統的学校ではこうした地域学習が、数学や技術や地理などで相互の関係もなく個々バラバラに教えられていた。デューイは、このような教育のあり方を徹底的に批判する。伝統的な3R'sを中心とする教科カリキュラムでは日常的な生活圏の問題をトータルで理解することは困難であるし、そもそも子どもたちの学習意欲が高まることはないため彼らには苦痛以外のなにものでもない。彼は伝統的な教科からではなく、子どもたちの生活経験や体験から出発するカリキュラムを構想した。それが「経験カリキュラム」である。そしてこのカリキュラムを実践する学校は、書物を中心に学ぶ学校ではなく、手作業などの生活経験に密着した学校、すなわち「労作学校（生活学校）」となる。こうした学校を支える教育思想の源流は、ルソーやペスタロッチー、さらにはフレーベルまでさかのぼるものである。ただデューイの経験カリキュラムは、生活経験や体験を重視するからといって、教育内容の学問的な系統性や構造を学ぶことを軽んじたわけではない。経験カリキュラムが最終的に目指すのは、高次な知的理解に至る思索活動であったといわれている。

　このようなデューイの経験カリキュラムのインパクトは大きく、第二次大戦後に民主化を進める多くの国に影響を与えている。我が国の場合は、生活単元学習やコア・カリキュラムなどの名称で、1950年代には様々な教育実践が行われた。

4　教育内容の現代化運動

　経験カリキュラムやそれに基づく新しい教育運動の出現は、画一的で詰め込み主義的な教育や学校制度への批判とそれを改革する大きなムーブメント

になったことは事実であり、そこには深い人間的な教育思想に裏づけられた学校観があった。

ただ実際の学校教育現場で、経験カリキュラムの本来の趣旨が十分に理解されないまま教育実践が行われると多様な問題点が顕在化してくる。特に児童生徒の興味関心だけで教育活動が展開されるとき、学問的体系性は必ずしも保障されない場合もある。さらに教師の教育活動があくまでも児童生徒への支援だけになってしまうと、教師の指導性や知識の教え込みが極めて限定的なものになってしまう。かくして経験カリキュラムによる学校教育は、時間をかけた割には知識の習得が極めて限られたものになり、さらに児童生徒の興味関心に引きずられすぎると知識の習得が不十分なままの単なる「はい回る（creeping）」学習活動になっていく。

米国では1950年代末以降、こうした経験カリキュラムへの批判が急速に高まることになる。そのきっかけになったのが1957年のソ連の人工衛星打ち上げであった。それは米国の科学教育の遅れを如実に示すものとされ、「スプートニク・ショック」として大きな問題にされた。

1959年にマサチューセッツ州のケープ・ゴットで行われたウッズ・ホール会議では、こうした状況を改善し、科学技術水準を向上させるために学校教育の改革、とりわけ学校カリキュラムの改革に官民一体で取り組む必要性が議論された。具体的にはカリキュラムに現代科学技術の習得を取り入れ、教育内容の高度化を図ることが提案されたが、その提案に強い影響力を持ったのが、同会議の議長であった認知心理学者のJ.S.ブルーナーであった。

彼はこの時の議論をさらに理論化し、著作『教育の過程』（1960年）を出版した。ブルーナーは、教科の構造を形成する基本的概念を発見する学習（「発見学習」）の重要性を指摘した。そうした基本的概念を把握することができれば、「どの教科でも知的性格をそのままもって、発達のどの段階のどの子どもでも効果的に教えることできる」という仮説を提示し、現代科学の成果を発見するプロセスを通して子どもの知的好奇心を高める教育課程を提

案した。

　このようなブルーナーの教育課程論は、基本的には教科の構造を重視するものであるため、経験カリキュラムと対比されることが多いが、彼の理論はデューイが主張した児童中心主義的な教育思想を土台にしているといわれている。ブルーナーもデューイ同様に子どもの経験や体験、関心や知的好奇心を重視する。その点で経験カリキュラムの重要性を認めている。しかし彼はその重要性を認めながらも、子どもの興味関心や好奇心は、「何を学ぶべきか」というカリキュラムの内容構造に裏打ちされていなければ意味がないとする。そのため、学習の順次性（シークエンス）と内容（構造）の両方を重視するカリキュラム、すなわち「スパイラル・カリキュラム（螺旋型教育課程）」が提案された。このカリキュラムでは、基本的概念や原理を繰り返し学びながら、子どもの発達段階が上がるにつれて次第に複雑で、高度な知的理解が可能になるように教育内容が構成されていく。

　このようなブルーナーの教育課程論は、経験カリキュラムの構造的矛盾を克服するものとして注目され、多くの国で紹介されていった。というのも発見学習は、デューイ的な経験学習に基づいて子どもたちの問題関心を高めていきながら、それを系統的な体系的学習を現代科学技術の習得という地平において融合させる点で優れた学習モデルを提示するものであったからである。

5　隠れたカリキュラム

　カリキュラムや教育課程を編成することは、公教育の重要な課題であり、その課題にはその時々の思潮の大きな影響があったことは間違いない。その意味で教育課程編成はその時代のフォーマルな存在として認知されるものであろう。

　しかし1960年代後半以降、主に教育社会学の学問成果によって、フォーマルなカリキュラムや教育課程が、児童生徒の意識やメンタリティの背後で別

の影響を与えることが指摘されてきた。それは「隠れた（hidden）」あるいは「潜在的（latent）」カリキュラムと呼ばれ、フォーマルなカリキュラムを「顕在的カリキュラム」呼んで区別するようになった。こうした研究動向は、従来のカリキュラム研究や教育課程論では想定されてこなかったものとして注目された。

隠れたカリキュラムという言葉は、P.W. ジャクソンが1968年に出版した著作 "Life In Classrooms" において初めて使われ、さらに B. シュナイダーの著作 "The Hidden Curriculum"（隠れたカリキュラム）では、著名な進学校や教育困難校、さらには独自な校風の学校の生徒たちが、どのような価値観や行動様式を無意識に与えられているのかが分析されている。彼らの研究は、学校カリキュラムが従来のように顕在的カリキュラムだけで編成されることの問題点を指摘し、そうしたカリキュラムが与える影の部分にも考慮しなければ本来あるべきカリキュラムが構築できないことを示したものとして重要であった。

こうした一連の研究はその後、学校教育が性別役割に果たしている影響関係の研究や、文化的な男女のあり方を論究するジェンダー研究へと受け継がれている。

6 結語的考察——今日的課題と教育課程改革

以上見てきたように、教育課程論をめぐる論議は、その時々の社会の要請から様々な影響を受けて展開されてきたが、1990年代以降の新しい動向に注意を向ける必要があるだろう。それは社会全体のあり方が従来とは根本的に変容したことと関係している。

社会学者 D. ベルは、すでに1970年代初頭に来るべき社会を「脱工業化社会」と称して、経済活動が生産よりも情報サービスへと比重を移す社会を想定していた。彼は、そのような社会では理論的知識が社会の「中軸原則」と

なるために、新しい「知識階級」にあたる専門職や技術職の社会的役割が大きくなると指摘している。すなわち知識が社会基盤となる社会、「知識基盤社会」の姿をベルはすでに想定していたのである。こうしたベルの先駆的な指摘は、P.F. ドラッカーによって体系化されていく。彼は1993年の著作『ポスト資本主義社会』おいて、今日の高度情報化社会を予想した知識基盤社会の概念を以下のように指摘している。

　ドラッカーによれば、経営学の立場から多様な教育によって得られる知識は、今後個人や社会の経済活動の「中心的資源」となるという。もちろん、伝統的な生産要素である土地（天然資源）、労働、資本がなくなることはないが、それらはもはや二義的な要素になってしまったという。というのもそれらの生産要素は、知識の活用によって手に入れることができる社会が形成されたからである。そのため教育に求められるのは、「多様な知識を手に入れるための知識」を教えることである。

　彼はこれからの学校に求められる学習を次にように主張する。知識基盤社会では「教科内容そのものよりも、学習継続の能力や意欲」の方が重要である。したがって「ポスト資本主義」では不断の「生涯学習」が必要となる。これは、学習方法の学び方を学ぶ学習であり、そうした学習が極めて重要な役割を果たすため、学校教育のあり方も大きく変わるべきであるという。

　ドラッカーが指摘するこのような教育の重要性は、1999年の第25回主要国首脳会議（以下、ケルン・サミット）で再確認されている。ケルン・サミットでは、サミット史上初めてこれからの教育のあり方に関する指針が出され、それは『ケルン憲章』として採択されている。憲章では「生涯学習の目的と希望」において、社会や経済がますます高度な知識を必要とするようになっている状況下、学習が若年時の学校教育で終わるのではなく、これまでの工業社会に変わる新しい「知識基盤社会（knowledge-based society）」に相応しい知識、技能、さらには資格取得を生涯にわたって継続していくことが重要であるとしている。というのも今後の「情報通信技術（ICT）」の発展は、学

校における教育内容をより豊かなものとすると共に、個々人の教育・学習活動のあり方を劇的に変えていくため、個人が生涯を通じ知識を習得し、問題を解決する能力を高める機会が豊富に提供されるようになるからである。

ただ、こうした時代の変容をもたらす高度情報化社会の進展は、その恩恵が与えられる者と与えられない者との間に、特に経済・福祉的分野における格差問題を拡大させる危険も孕んでいるといわれている。そのため学校カリキュラムは、こうした時代の要請と、それがもたらす社会矛盾にも対応した教育課程のあり方にも注意を向けなくてはならないであろう。

ところで我が国の教育課程改革は、ゆとり教育政策の再検討が再考が始まって以来、こうした国際的な動向に応答する流れと連動している。ゆとりの時間の中で生きる力を育む教育を推進しながら、知識基盤社会を生き抜く学力をどのように育成していけばよいのかが重要な教育課題となっているし、そのための教育課程論議が高まっているのである。

次章以降では我が国の教育課程の歴史的変遷の考察を行いながら、そうした改革の動向を明らかにしていきたい。

参考・引用文献

安彦忠彦『改訂版 教育課程編成　学校は何を学ぶところか』放送大学教育振興会、2006年。

佐藤学『教育方法学』岩波書店、1996年。

柴田義松『教育課程　カリキュラム入門』有斐閣、2000年。

J. デューイ／市村尚久訳『学校と教育・子どものカリキュラム』講談社学術文庫、1998年。

田中耕治他著『新しい時代の教育課程　第3版』有斐閣、2009年。

P.F. ドラッカー／上田惇生他共訳『ポスト資本主義社会―21世紀の組織と人間はどう変わるか』ダイヤモンド社、1993年。

J.S. ブルーナー／鈴木祥蔵他共訳『教育の過程』岩波書店、1963年。

第2章　近代日本の学校教育課程

1　近代学校制度の創設と学校教育課程の生成

(1) 前近代の学校教育課程

　江戸時代の教育機関としては、藩校、郷校、手習塾(てならいじゅく)(寺子屋)、学問塾(私塾)がありそれぞれ発展していた。特に武士身分に限ってだが就学義務を課した藩校では、幕末期に行われた試験制度と連動する「被召出方之定」(安政期の福山藩校誠之館)、学習内容を等級化した「学則表」(文久期の松江藩校明教館)など、いわゆる教育課程の整備がなされていた。

(2) 学制と学校教育課程

　1872(明治5)年、太政官により学制が頒布され、大学・中学・小学という近代学校制度を構築しようとした。近代的な国民育成を目的とし、それまでの身分に関係なく国民全員が小学校で学ぶという方針が打ち出され、従前の儒学的教養ではなく欧米の近代的知識・技術を移入し科学と生産に結びつく教育を行おうとした。啓蒙主義的色彩の強いこの時期において、封建的身分制社会から近代的能力主義社会への転換が志向され、競争原理を学校に導入しようとした。つまり、学校の成績や学歴により、身分に代わって学校で判定・評価される能力により人を選別しようとしたのである。

　この学制により示されたのが「小学教則」であり、近代日本最初の学校教育課程と言ってよい。この内容は、一般庶民が日常生活に必要な知識・技術を習得させることよりも、むしろ中学・大学へと進学するための学術を修めることに力点が置かれたものであった。そのため、教科内容が外国の翻訳・

模倣の感が強いこと、近代自然科学に重点が置かれ人文・社会科学的教育内容が少ないこと、徳育・体育や芸術教育などが軽視されていることが特徴であり、明治維新期の国民生活一般の生活から乖離した高水準の内容であった。

さらに当時は「等級制」が採られており、等級ごとの試験に合格すれば飛び級が可能である反面、合格しないといつまでも原級留置となるシステムであった。なお、同一年齢（学年）で学級を編成する「学年制」は1885（明治18）年からであり、1891（明治24）年の「学級編成等ニ関スル規則」により確立した。

(3) 儒教主義と開発主義の相克

明治十四年の政変前後から、教育政策が開明主義から儒教主義に転換されていく。1881（明治14）年の「小学校教則綱領」において、それまでの翻訳的な教育内容は後退し、修身科を筆頭教科として位置づける儒教主義に傾斜した教育課程となった。下等小学の教育課程は、当時の国民水準や事情に合わせ修身と読・書・算となっている。

他方、教育理論研究や地理・博物等の近代科学の教科では開発主義に基づく教育が志向された。ペスタロッチー（Pestalozzi, J. H.）が提唱した開発（開発教授）主義は児童の「心の能力」開発を目的としていたが、さらに当時の連合心理学を基礎としたものが、東京師範学校の若林虎三郎らによって広められた。よって、子どもの感性を尊重する開発主義と儒教主義教育とが相克する時代であったと考えられる。

(4) 森文相の教育施策

1885（明治18）年、初代文部大臣に就任した森有礼は翌年に小学校令を発し、また「小学校ノ学科及其程度」によって儒教主義が弱められた。森文相は兵式体操と実用的な作文・算術教育を重視したため、尋常小学校では修身と読書算教育に加えて兵式体操を行う体操科を必置科目とした。

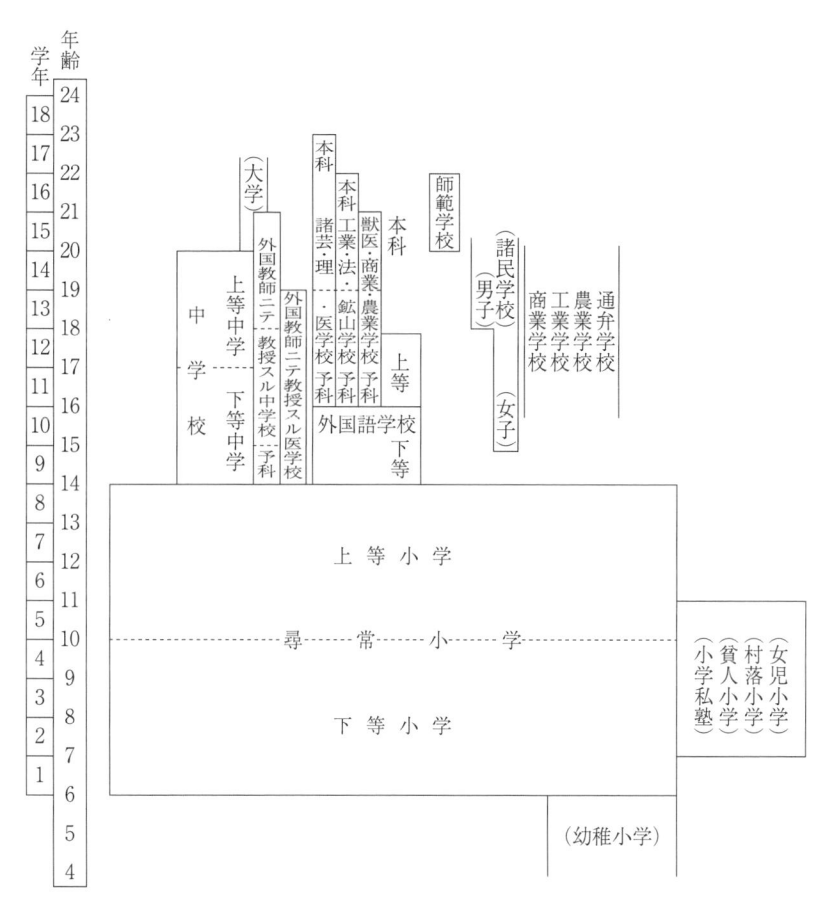

図 2-1　1873（明治 6）年の学校系統図

　義務教育ではない高等小学校では、さらに地理・歴史・理科・裁縫が加えられたが、従前の博物・物理・化学・生理を統合して理科としたこと、高度な幾何と経済を科目から外したこと、随意科目として英語・農業・手工・商業が加えられたことがその特色である。森文相が、英語を含めた実業教育を

重視したためである。

(5) 教育勅語の影響

　1890（明治23）年に教育勅語が渙発（かんぱつ）され、学校教育課程編成において最も重要な教育目的が定められた。教育勅語では、古事記・日本書紀を踏まえ、日常的な儒教道徳を取り入れて天皇制を支える道徳思想を説き、その道徳の実践こそが祖先と家族を守り、さらに宗家たる天皇に力を添えて助けることになるというものであった。

　尋常小学校の教育課程編成は、修身・読書・作文・習字・算術で基本的教科目を設定し、地域の教育ニーズや子どもたちの様々な進路に対応するため随意科目を加えることができるという構成原理が定められた。高等小学校の教育課程編成は、修身・読書・作文・習字・算術・日本地理・日本歴史・理科・図画・体操・裁縫（女児のみ）を必須教科目とし、外国地理・唱歌・幾何初歩・外国語・農業・商業・手工を随意教科目とした。

　これら教科目の内容を見ると、児童の発達程度に留意し、道徳教育、国民教育の基礎、そして生活に必須の知識技能教育を各教科目に分担させた体系性を有した。修身では「尊王愛国ノ志気」と「国家ニ対スル責務」が強調され、また「愛国ノ精神ヲ養フ」（地理）、「国民タルノ志操」形成（日本歴史）、そして「天然物ヲ愛スルノ心ヲ養フ」（理科）、「徳性ヲ涵養スル」（唱歌）、「規律ヲ守ルノ習慣ヲ養フ」（体操）など道徳教育と関連づけられており、教育勅語の教育目的を中心とした構造化が図られた。

第2章　近代日本の学校教育課程

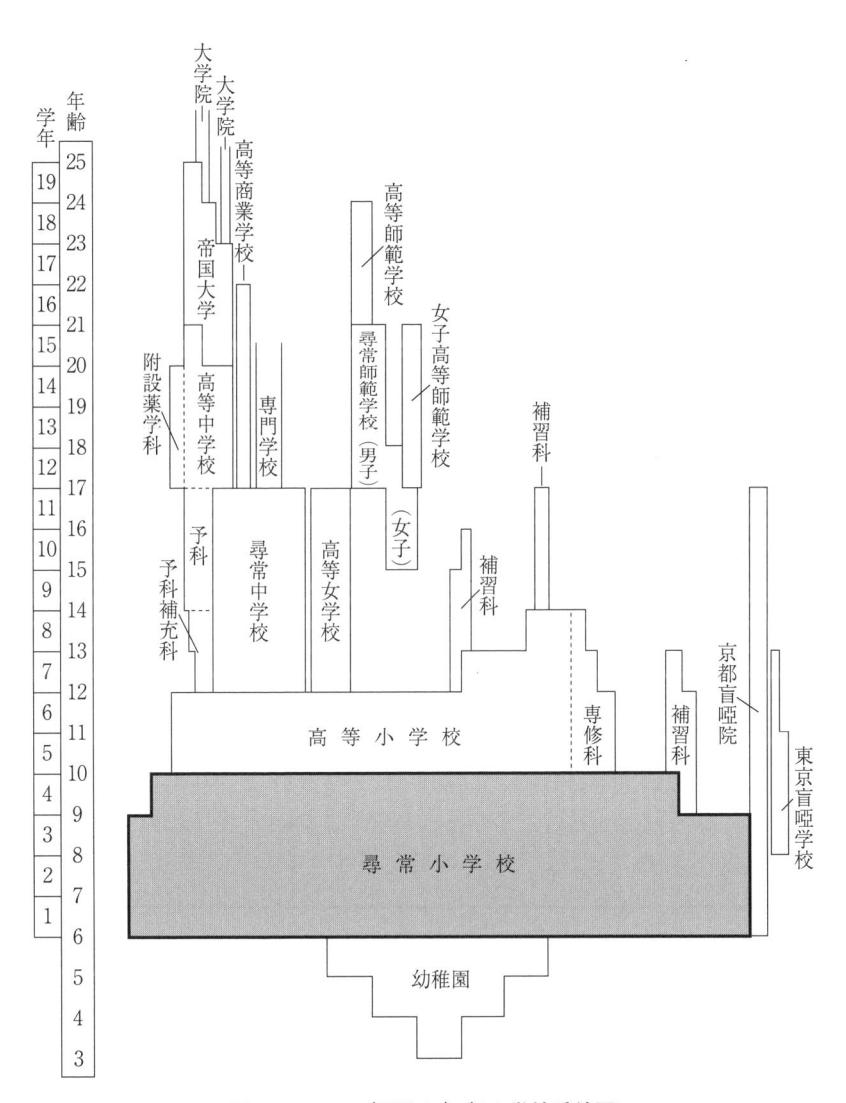

図2-2　1892（明治25）年の学校系統図

2　義務教育年限の延長と学校教育課程

(1) ヘルバルト主義

1890(明治23)年の小学校教則大綱までは、ペスタロッチーの開発主義的な教育理論が採用され「心力」の育成という形式陶冶を重視する傾向にあったが、それから後はヘルバルト主義教育学の影響により知識技能の内容習得を重視する実質陶冶が優位となった。

帝国主義時代の植民地争奪戦争という国際競争が激しさを増すなか、国民の実情を踏まえ限られた修業年限で教育を効率的に展開することが課題となっていたため、1900(明治33)年、小学校令施行規則により教育課程改革が行われた。生活上必須の知識教育を重視しようとしたこの改革では、国語科の新設や理科における「実験」重視などがなされ、1941(昭和16)の国民学校令による改革まで小さな修正が行われたけれども基本的に大きな変化はなかった。

(2) 義務教育6年制

日清・日露戦争を経た日本の資本主義は飛躍的に発展し、また工業関係だけでなく農業でも新しい技術の導入が必要となった。それまでの義務教育は尋常小学校4年であったが、1907(明治40)年、国民全体の資質向上のために6年に延長され、これに対応して尋常小学校が6年制となった。教育課程は修身、国語、算術など11の教科目で構成され、裁縫(女児のみ)は第3学年から、日本歴史・地理・理科は第5学年から学ぶように配当された。

さらに、尋常小学校教育を基礎としてさらに実用的教育を施す高等小学校教育課程の改善がなされた。1911(明治44)年の小学校令改正により、教科目のうち農業・商業のどちらか「一課目ヲ課スルモノトス」に改められ、英語を教科目から削除した。これは高等小学校が上級学校進学を目的とせず卒業後に就職する児童のための学校、つまり国民大衆の完成教育機関として位

第 2 章　近代日本の学校教育課程

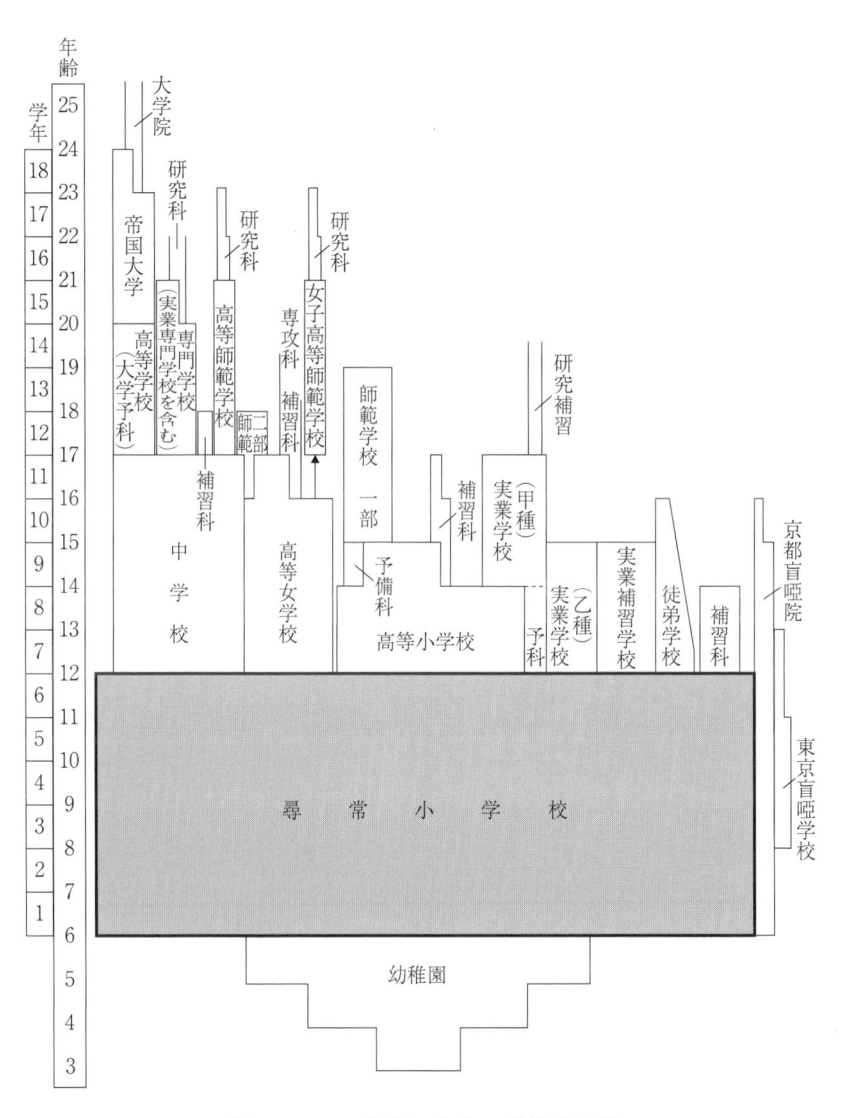

図 2-3　1908（明治41）年の学校系統図

置づけられたことを意味する。

(3) 臨時教育会議と大正自由教育

　1917（大正6）年に開かれた臨時教育会議は、学校教育課程に対して国史教育の重点化、高等小学校の教科目選択幅を広げること、国民教育及び道徳教育の徹底などを答申し、これを受けて1919（大正8）年に小学校令施行規則が改正された。尋常小学校では、日本歴史と地理の両教科合わせて6時間から8時間に増加され、体操においてはその内容に「教練」が明確に位置づけられた。高等小学校の教科目では、図画が随意科目に変更され、また女児

表2-1　1919（大正8）年　小学校教科構成
小学校令施行規則による

尋常小学校		高等小学校	
修身		修身	
国語		国語	
算術		算術	
日本歴史		日本歴史	
地理		地理	
理科		理科	
図画		唱歌	
唱歌		体操	
体操		裁縫	女
裁縫	女加	手工	随・選
手工		農業	随・選
		商業	随・選
		家事	女・随・選
		図画	加・随・選
		外国語	加・随・選

［注］　1．「加」＝加えることができる科目。
　　　2．「女」＝女子のための設置教科。
　　　3．「随」＝随意科目にできる。
　　　4．「選」＝選択科目にできる。
教育史編纂会『明治以降教育制度発達史』第5巻、120-130頁を参照。

のための家事科、地域の実情により外国語が付加された。つまり、家事科設置によって女子教育を充実すること、新時代に対応するため外国語を設置可能としたこと、図画・手工・農業・商業科も含め選択幅を広げたことが特徴である。

他方、いわゆる児童中心主義に立脚した新たな実験的教育が試みられた。例として、デューイ（Dewey, J.）やドルトン・プランを提唱したパーカスト（Parkhurst, H.）の影響を受けた沢柳政太郎の成城小学校における教育課程に関する実験的追求、奈良女子高等師範学校附属小学校の木下竹次による合科学習の展開を挙げることができる。

3　戦時下における国民学校の教育課程

中国との戦争が長引き、さらにヨーロッパでも1939（昭和14）年にドイツがポーランドに侵攻して第二次世界大戦が勃発するなか、1941（昭和16）年4月に従来の小学校は皇国民の錬成を目的とした「国民学校」と改称され、天皇制・軍国主義の教育を徹底するために大胆な学校教育課程の構造改革がなされた。

(1)　皇国民錬成と教科目の統合

「皇国ノ道ニ則リテ初等普通教育ヲ施シ国民ノ基礎的錬成ヲ為ス」（国民学校令第1条）ことを目的とした国民学校は、①皇国の使命の自覚、②科学の修得、③献身奉公の実践、④芸術的・技術的な表現力、⑤職業技能の育成という5つの資質形成の観点から、各教科のなかに従前の各教科目が統合された。すなわち、修身・国語・国史・地理を「国民科」、算数・理科を「理数科」、体操・武道（男子のみ）を「体錬科」、音楽・習字・図画・工作・裁縫（女子のみ）を「芸能科」に統合したのである。

国民学校の教育課程編成原理は、各個人の実生活から組み立てる経験主義

表 2-2　1941（昭和16）年　国民学校教科構成

国民学校初等科		国民学校高等科	
国民科	修身 国語 国史 地理	国民科	修身 国語 国史 地理
理数科	算数 理科	理数科	算数 理科
体錬科	体操 武道（女欠）	体錬科	体操 武道
芸能科	音楽 習字 図画 工作 裁縫（女）	芸能科	音楽 習字 図画 工作 家事（女） 裁縫（女）
		実業科	農業 商業 工業 水産科 外国語（加） その他

［注］　1．（女）＝女児のみに課す科。
　　　 2．（女欠）＝女児だけ「欠クコトヲ得」る科。
　　　 3．（加）＝加設科目。
近代日本教育制度史料編纂会『近代日本教育制度史料』第2巻、225頁を参照。

や学問の体系性を重視した系統主義に立脚するのではなく、皇国民錬成という目的から演繹的に導き出された。これまでの学校においても天皇制を護持していくための教育が目的であるとされていたが、必ずしも学校教育課程の構成原理にまで及んではいなかった。しかし、国民学校教育課程では皇国民錬成という目的が教科目再編の原理にまで貫徹されたのである。

第2章　近代日本の学校教育課程

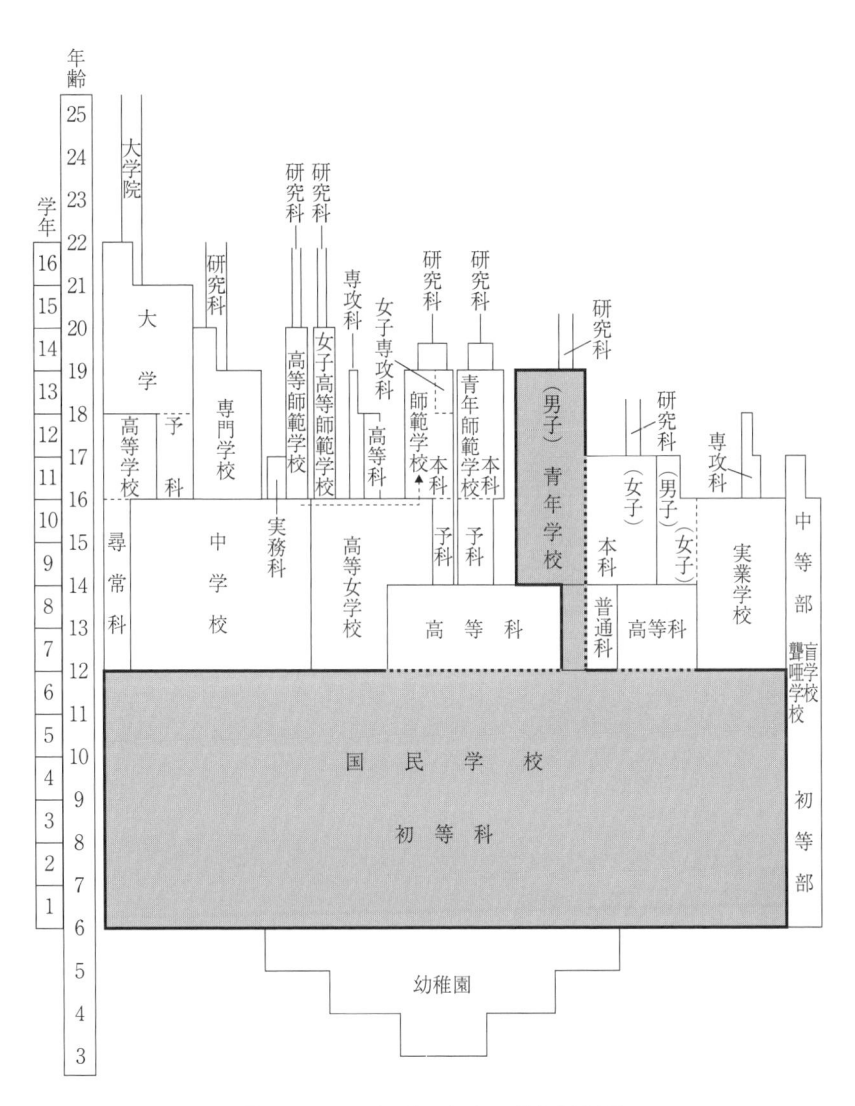

図2-4　1944（昭和19）年の学校系統図

(2) 綜合授業の採用

 国民学校令施行規則で「地方長官ノ認可ヲ受ケ全部又ハ一部ノ教科目及科目ニ付綜合授業ヲ為スコトヲ得」と部分的ではあるが「綜合授業」が認められた。当時の文部省は、大正新教育運動で注目された合科教授法の実践研究を評価しつつも、その実施については教員の資質能力や学校施設設備によって左右される懸念があるとし、さらに学校教育課程の自由化が広まり国家治安上の支障が生じることを恐れ、「合科学習」ではなく「綜合授業」「綜合教授」という造語を用いた。

(3) 実学的・技能的教科の重視

 戦時体制に即応した人材育成が急務であったため、主知的教科の時間数が減少し、実学的・技能的教科の時間数が増大している。国民科は中心的教科として位置づけられたにもかかわらず時間数が大幅に減少し、代わりに音楽・図画・手工などの技能育成を図る芸能科や身体鍛錬を目的とする体錬科、国民学校高等科での実業科を重視した編成となった。さらに「各教科及科目ノ毎週授業時数以外ニ於テ毎週凡ソ三時ヲ限リ行事、団体訓練等ニ充ツルコトヲ得」(国民学校施行規則第31条)と規定されているように、正規の学校教育課程外に集団訓練のための時間が確保された。

参考・引用文献

 稲垣忠彦『明治教授理論史研究－公教育教授定型の形成』評論社、1966年。
 近代日本教育制度史料編纂会『近代日本教育制度史料』大日本雄弁会講談社、1956年。
 国立教育研究所『日本近代教育百年史』財団法人教育研究振興会、1974年。
 田中耕治ほか『新しい時代の教育課程(第3版)』有斐閣アルマ、2011年。
 中野光『大正自由教育の研究』黎明書房、1968年。
 細谷俊夫ほか編『新教育学大事典』第一法規出版、1990年。
 水原克敏『近代日本カリキュラム政策史研究』風間書房、1997年。
 文部省『学制百二十年史』ぎょうせい、1992年。

第 3 章　戦後日本の学校教育課程

1　学校教育課程における経験主義の影響

(1) 学校教育課程と経験主義

　第二次世界大戦後の日本は、天皇制から国民主権へ、中央集権から地方分権へ、また戦争放棄の平和主義が基本となるなど、戦前の軍国主義から民主主義へと大きく転換した。

　教育の領域においては、1947 (昭和22) 年に教育基本法・学校教育法、翌年に教育委員会法が新たに公布され、学校体系がそれまでの複線型から単線型となり、個人の人格の尊重、男女平等、教育の機会均等など、米国民主主義をモデルとした大改革がなされた。また、義務教育期間がそれまでの 6 年間から 9 年間に延伸したため、小学校 6 年と新制中学校 3 年が義務教育学校となった。当時の文部省は「本来、教育課程とは、学校の指導のもとに、実際に児童・生徒がもつところの教育的な諸経験、または、諸活動の全体を意味している」と、児童・生徒のより豊かな生活経験を組織化する経験主義的教育課程論が展開された。つまり、根底にはデューイ (Dewey, J) が提唱する「教育とは経験の再構成である」という考え方があった。よって、児童・生徒が地域社会で経験してきたことを組織的に整えた環境 (学校) によってより豊かなものへと発展させて、地域社会の問題を解決できる市民を育成することが教育目的であると観念されたのである。

　経験主義教育の志向が大きく反映されたのが1947 (昭和22) 年に出された『学習指導要領　一般編 (試案) 昭和22年度』、そして1951 (昭和26) 年の改訂版学習指導要領である。

(2) 小学校学習指導要領について

「手引き」の性格を有する1947(昭和22)年の学習指導要領における小学校教育課程の教科は、国語・社会・算数・理科・音楽・図画工作・家庭・体育・自由研究の9教科となった。戦前・戦中期の修身・地理・歴史・公民が廃止となり、代わって社会・家庭・自由研究が新たに設定された。社会科は、従前の修身・公民・地理・歴史を統合して名付けたのではなく、新時代の「社会生活についての良識と性格とを養」うことを目的として新設された。家庭科は、それまでの家事科と異なり男女ともに課すことを原則とし、自由研究は「児童の個性によっては、その活動が次の活動を生」みさらに発展させることを想定した。小学校6年生の時間表では、総時間数に占める社会科と自由研究の割合が20〜30%となっており、両教科を重視したものとなった。

1951(昭和26)年の改訂の特色は、時間配当をパーセント表示に変更して学校の裁量余地を広げたこと、全教科を4領域に分けて表示したこと、自由研究を廃止して「教科以外の活動」を設定したこと、である。自由研究の在り方として、教科を発展させた自由な学習、クラブ組織による活動、学級委員や当番の仕事などが挙げられていたのだが、各教科の時間内でその目的を遂げることが「教育的に健全」であり、また子どもたちの社会的・情緒的・知的・身体的発達を考慮し「教育課程のうちに正当な位置をもつべき」であるとして「教科以外の活動」が新設された。

この時期には、社会科や教科以外の活動の活動を核としたコア・カリキュラムによる多くの教育実践が展開された。文部省とCIE(GHQの民間情報教育局)のモデル授業として東京都港区桜田小学校の樋口澄雄が行った「郵便屋さんごっこ」は有名であるが、そのほかにもコア・カリキュラム連盟など民間教育研究団体による、明石プラン(兵庫県)、奈良吉城プラン(奈良県)などの実践がある。

（3）中学校学習指導要領について

　1947（昭和22）年の学習指導要領で、国語・習字（中1、中2）・社会・国史（中2、中3）・数学・理科・音楽・図画工作・体育・職業（農業、商業、水産、工業、家庭）の10教科を必須とし、外国語・習字（中3）・職業・自由研究の4教科を選択とした。選択教科は4教科であるが、職業科に含まれた5科目を入れると8教科目となり、生徒はこの範囲の中から選択できた。これは、当時、義務教育である中学校を卒業してすぐに就職する生徒が多かったためである。

　1951（昭和26）年の改訂により教科構成に整理がなされた。習字が国語科に、国史が社会科に統合され、国語・社会・数学・理科・音楽・図画工作・保健体育・職業家庭の8教科が必須教科、外国語・職業家庭・その他の教科・特別教育活動を選択教科とする構成となった。今までの自由研究は、「その他の教科」と「特別教育活動」とに分けられた。「その他の教科」とは、「（中学校の教科課程）表にかかげられてはいないが、生徒の必要によって学校で教科として課する」ことが適当と判断された教科、いわば学校設定教科の前身である。特別教育活動は、「生徒たち自身の手で計画され、組織され、実行され、かつ評価され」るように、生徒が「みずから民主的生活の方法を学ぶことができる」ことを目指した。ホーム・ルーム、生徒会、クラブ活動、生徒集会がその主な活動とされた。

（4）高等学校学習指導要領について

　戦前・戦中期の中等学校（中学校、高等女学校、実業学校）は、新学制に移行する際、新制高等学校となる道を選んだ。1947（昭和22）年の学習指導要領では高等学校の教科や時間配当について省略されたが、翌1948（昭和23）年1月に高等学校設置基準が示され、「普通教育を主とする普通科」と「専門教育を主とする学科」（農業・水産・工業・商業・家庭・厚生・商船・外国語・美術・音楽）とに分けられた高等学校の学習指導要領が実施された。

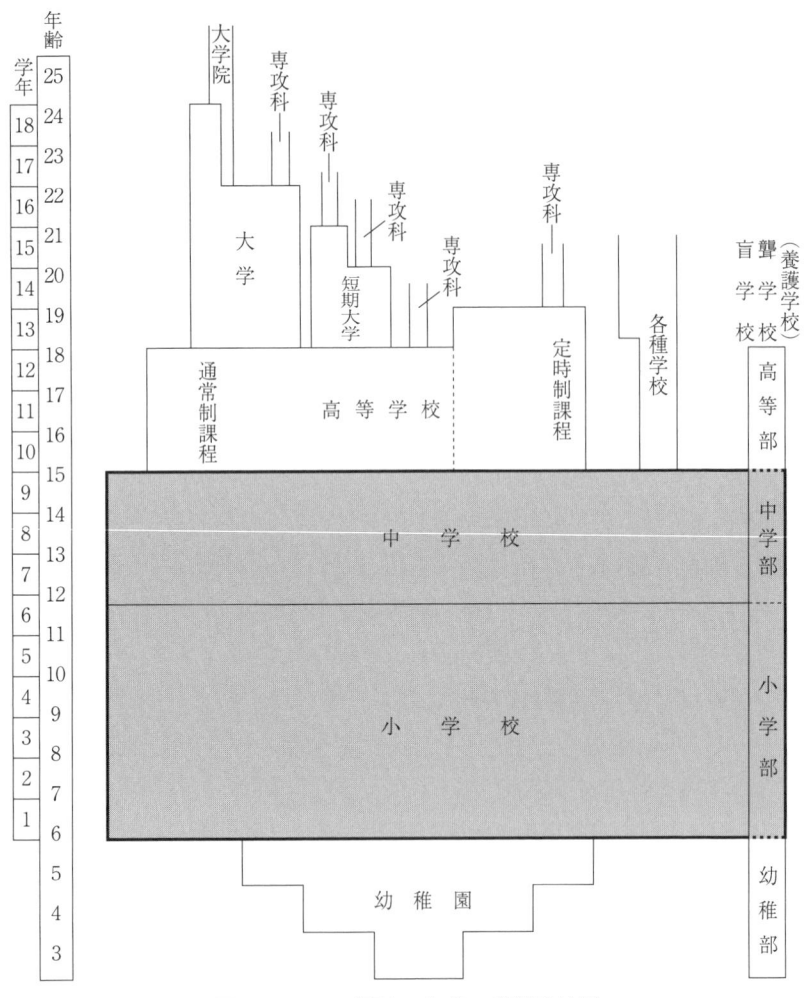

図 3-1　1949（昭和24）年の学校系統図

1951（昭和26）年の改訂により必要最低限の教養として、国語9単位、一般社会5単位、保健体育9単位、一般社会を除く社会科1科目5単位、数学1科目5単位、理科1科目5単位の計38単位が学校種別や普通課程、職業課程の別なく全ての生徒の必修とされた。教科課程表によると、普通科は、選択単位数が70〜210時間と幅が広げられたこと、家庭科の充実がなされたこと、などがその特徴である。農業、工業、商業など「広く深く専門的に学習し、卒業後、それを自己の職業として選択しようとする生徒」のための専門の職業課程は、共通教養38単位のほかに、自分の能力・必要・興味に応じ47単位を選択するようになっており、卒業要件は合計85単位（うち職業関係科目は最低30単位）とした。

2　系統性重視の方向へ

(1) 教育施策の転換と学力論争

1950年代には、高度経済成長政策と連動して文部省の指導力が強まり、科学技術を担う人材育成のために学問的系統性を重視する学校教育課程が採用された。敗戦直後の教育改革では、都道府県教育委員会に学習指導要領編成権を持つことが在るべき姿であるものの、その制度が整うまでの間は文部省が代行するというものであったが、1952（昭和27）年7月の文部省設置法改正によりその権限は文部省のみに属することとなり、翌1953（昭和28）年には学校教育法一部改正により教科書検定の権限も文部省に属することとなった。さらに1956（昭和31）年6月、教育委員会法が廃止され、新たに「地方教育行政の組織及び運営に関する法律」が制定された。

基礎学力低下問題へ対応するため、学校教育課程では経験主義から系統主義への転換がなされた。経験主義は児童生徒の経験を大切にする考えが基本であり、調べて討論することを重視した。しかし、当時の貧しい環境では成果の出るような条件整備に難渋しており、戦前に比べて基礎学力が低下した

と批判されたのも致し方ないことであろう。このことから本来の学力とは何かを巡って論争が起こり、国民的教養としてのミニマム・エッセンシャルズ論、読書算重視論、生活力としての学力論など様々な視点から学力について論じられた。

(2) 系統的学習の重視と道徳教育

　1958（昭和33）年改定の学習指導要領は、GHQの廃止後、日本がはじめて独自に実施したもので、政令改正諮問委員会の「教育制度の改革に関する答申」(1951年)や教育課程審議会答申「小学校、中学校の教育課程の改善について」(1958年)がその基底となっている。1958（昭和33）年版学習指導要領の主たる改訂内容は、次の通りである（以下、○○○○年度版学習指導要領という場合は、小学校学習指導要領告示年度に基づいた表記で、中学校・高等学校学習指導要領をも含めた用法である）。

①1947年版及び1951年版学習指導要領のような「試案」ではなく、官報への「告示」という公示形式により、国家基準として法的拘束力を有することとなった。

②道徳教育の充実を図るため、小学校・中学校に「道徳の時間」を設置した。このことにより、学校教育課程の領域は、各教科、道徳の時間、特別教育活動、学校行事の4つとなった。また、高等学校における道徳の充実策として「倫理社会」を新設した。

③基礎学力充実のため、小学校では国語と算数の時間を増加した。

④中学校では、「職業・家庭科」を「技術・家庭科」に改称した。また、中学校3年の選択教科を増やした（外国語、農業、工業、商業、水産、家庭、薬業、数学、音楽、美術）が、以後、中学校では実態として進学組と就職組の2コースが用意されることとなった。

3 教育内容の現代化

(1)「能力主義」的教育政策と教育内容の現代化

1950年代後半から1960年代にかけての高度経済成長は、日本の経済だけでなく、政治、社会、文化といったあらゆる面に影響し、国民生活の変容をもたらした。この時期には、経済成長を支える人材育成のための「能力主義」の教育政策が展開された。

1963（昭和38）年の経済審議会人的能力部会答申「経済発展における人的能力開発の課題と対策」では学校や社会における能力主義の徹底が提起され、1966（昭和41）年の中央教育審議会答申「後期中等教育の拡充整備について」では産業界の要請による後期中等教育の多様化が目指された。また、能力や適性等に応じた進路指導の資料などに供するため、1961（昭和36）年から全国中学校学力一斉テストが行われたが、日本教職員組合などから批判を浴び、また学校間競争が加熱したため1964（昭和39）年に廃止されたが、これは能力主義的教育施策の一つであったと言ってよいだろう。

高度経済成長と科学技術の発展に貢献する人材の育成を目的とした教育政策と結びつき、学校における理数系教科目を中心とした教育内容の「現代化」が図られた。教育史上での「教育内容の現代化（教育の現代化）」とは、1960年代の米国・旧ソ連・日本などで盛り上がりを見せたカリキュラム改革、特に初等・中等教育段階での理数系教科目内容の改革を指す。

1957（昭和32）年10月、旧ソ連が世界初の人工衛星スプートニク１号の打ち上げに成功したが、それに衝撃を受けた米国では科学教育の在り方を巡る議論において経験主義教育への批判が展開された。1959（昭和34）年に科学教育の改善を目的に開催されたウッズ・ホール会議の議長であったブルーナー（Bruner, J.S.）は、知識を構造として学習する「発見学習」理論や「学問中心カリキュラム」構想を『教育の過程』（The Process of Education）として刊行した。この理論や構想が日本をはじめ各国の教育改革に影響を与え、

「教育内容の現代化（教育の現代化）」と称される運動に発展した。
　日本で最初に「教育内容の現代化」を主張したのは、現代数学の成果と方法を数学教育に積極的に取り入れようとした数学教育協議会であった。その委員長であった遠山啓は、「水道方式」による計算指導の体系を示して注目された。

　(2) 現代化カリキュラム　－1968年度版学習指導要領－
　1968（昭和43）年に小学校学習指導要領が、1969（昭和44）年に中学校学習指導要領が、1970（昭和45）年に高等学校学習指導要領が改訂された。その主な改訂内容と特徴は、次の通りである。
　①授業時数を従前の最低時数から標準時数に改めた。
　②小学校・中学校の学校教育課程を、各教科、道徳の時間、特別活動の3領域とした。特に特別活動では、児童生徒活動と学級指導も含め集団活動に関わる人間形成を重視した。高等学校の学校教育課程を、各教科に含まれる科目、各教科以外の教育活動の2領域とした。
　③小学校・中学校の算数・数学、理科で「教育内容の現代化」を図った。例えば、算数では、集合、関数、確率など新しい概念の導入や、中学校との系統的発展性が重視された。
　④高等学校では、数学一般、基礎理科、初級英語、英語会話が新設され、女子には家庭一般を必修とした。
　⑤中学校・高等学校のクラブ活動を必修とした。

4　人間性重視の方向へ

　(1) 現代化路線の転換
　高度経済成長が終わって人間的なゆとりをもった成熟社会を希求する時代となり、世界的なカリキュラム改革の動向も人間性重視へと進むなか、日本

における改訂学習指導要領のテーマも「ゆとり」を志向するようになった。

　社会環境の急激な変化や学校教育の量的拡大に伴い、いわゆる「落ちこぼれ」や受験競争の過熱化などが顕在化したことにより学校教育の見直しが要請されるなか、1971（昭和46）年6月、中央教育審議会は明治初期の教育改革、第二次世界大戦後の教育改革に続く「第三の教育改革」であると標榜した答申「今後における学校教育の総合的な拡充整備の基本的施策について」を出した。これは、昭和46年に答申されたことから「四六（よんろく）答申」と呼ばれ、①小学校から高等学校までの教育課程の一貫性を一層徹底する、②小学校では基礎教育の徹底を図るため教育内容の精選と履修教科の再検討を行う、③中学校では前期中等教育段階としての基礎的・共通的内容の履修と生徒個人の進路選択の準備段階としての観察・指導を徹底する、④高等学校では生徒の能力・適性・希望などに応じた多様化を行うこと、という4点を提起した。

(2) ゆとりと充実

　1976（昭和51）年12月の教育課程審議会答申「小学校、中学校及び高等学校の教育課程の改善について」により、従前の知識偏重の学校教育を見直し「ゆとりと充実」をキーワードとして豊かな人間性を育成するという方針が示された。この答申を受け、1977（昭和52）年7月に小学校・中学校学習指導要領が、1978（昭和53）年に高等学校学習指導要領が改訂された。その主な改訂内容と特徴は、次の通りである。

　①学習指導要領の基準の大綱化で、いわゆる「弾力化」が図られた。また、指導の具体的な展開については、各学校・教師の工夫に委ねる部分が多くなった。
　②授業時数を約1割削減して、教育内容の精選を行った。
　③高等学校では、中学校との関連性を強化するため、国語Ⅰ、現代社会、数学Ⅰ、理科Ⅰなどの基礎科目を新設した。

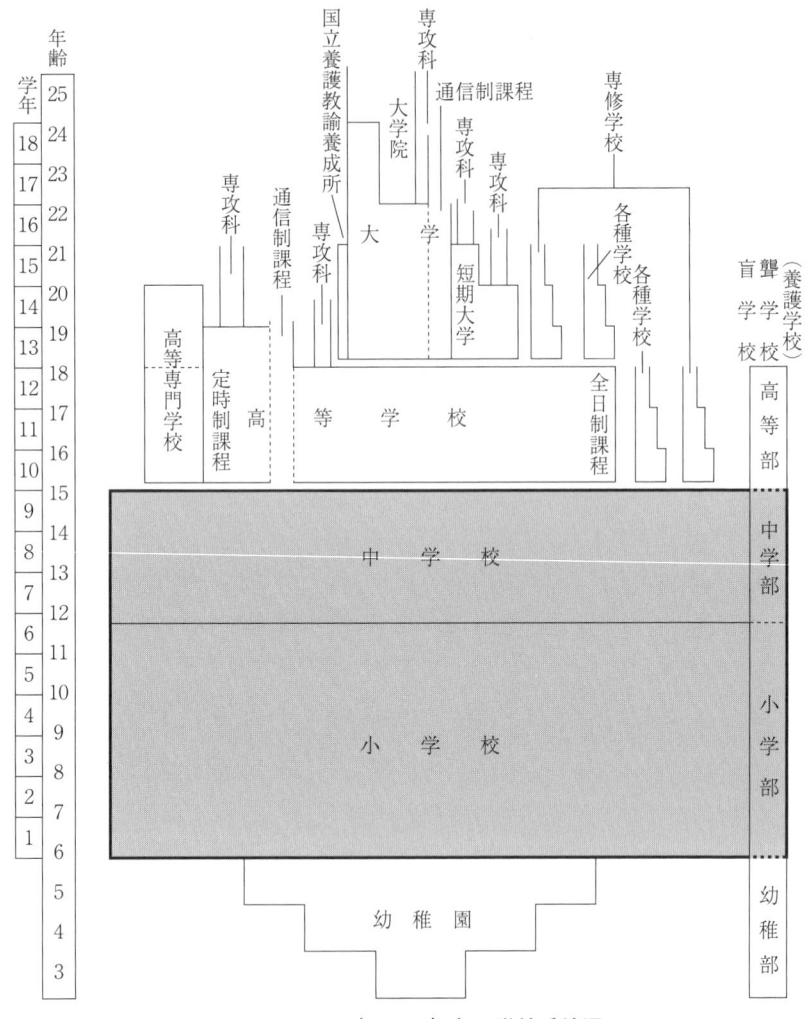

図 3-2　1976（昭和51）年の学校系統図

④「国旗」と「国歌」の教育が強調された。「国民の祝日などにおいて儀式などを行う場合には」「国旗を掲揚し、国歌を斉唱させることが望ましい」と指示され、従前の「君が代」から一歩踏み込んで「国歌」という用語が採用された。なお、国旗及び国歌に関する法律は、1999（平成11）年8月に公布・施行された。

(3) 新学力観と学校教育課程 —1989年度版学習指導要領—

1985（昭和60）年、臨時教育審議会が中曽根康弘内閣の直属機関として発足し、21世紀に向けた日本の教育改革の在り方を3年間にわたって検討した。1987（昭和62）年の臨時教育審議会最終答申は、①個性重視の原則、②生涯学習体系への移行、③国際社会貢献や情報化社会などの変化への対応、が示された。また、1987（昭和62）年12月の教育課程審議会の「幼稚園、小学校、中学校及び高等学校の教育課程の基準の改善について」の答申などを基底として、1989（平成元）年3月に、幼稚園から高等学校まで「ゆとり」を継承しつつ「新学力観」を標榜した学習指導要領の改訂がなされた。「新学力観」とは、知識・理解・技能の習得以上に、児童生徒の関心・意欲・態度を重視して思考力・判断力・表現力に裏付けられた自己教育力を獲得することである。その主な改訂内容と特徴は、次の通りである。

①学校教育は生涯学習の基礎を培うものであることに鑑み、体験的学習や問題解決学習を重視した。
②入学式や卒業式等における国旗・国歌の取扱いを明確化した。
③幼保連携の方策として、小学校低学年（1年・2年）において社会科と理科を廃止し、「生活科」を新設した。
④中学校では、選択教科の幅を拡大し、習熟度別指導の導入を奨励した。
⑤高等学校の社会科を「地理歴史科」と「公民科」に再編し、また、家庭科を男女必修とした。

(4)「生きる力」と「確かな学力」

　1996（平成8）年4月、第15期中央教育審議会は、「21世紀を展望した我が国の教育の在り方について」の第1次答申を提出し、新しい教育理念として「ゆとり」の確保と「生きる力」の育成を掲げた。中央教育審議会答申では、「生きる力」を「自分で課題を見つけ、自ら学び、自ら考え、主体的に判断し、行動し、よりよく問題を解決する資質や能力」、「自らを律しつつ、他人とともに協調し、他人を思いやる心や感動する心など、豊かな人間性」、「たくましく生きるための健康や体力」と定義した。そして「生きる力」の育成を目指し、教育内容の厳選と基礎・基本の徹底、総合的な学習の時間や完全学校週5日制の導入などを提言した。それを踏まえて同年7月、教育課程審議会は答申「幼稚園、小学校、中学校、高等学校、盲学校、聾学校及び養護学校の教育課程の基準の改善について」を出した。

　この答申を受けて、1998（平成10）年12月に小学校・中学校の学習指導要領が、また1999（平成11）年3月に高等学校・盲学校・聾学校・養護学校の学習指導要領が改訂された。その主な改訂内容と特徴は、次の通りである。

　①「総合的な学習の時間」（総合学習）を新設した。
　②授業時数の大幅削減と教育内容の3割減を行った。
　③授業の1単位時間を弾力化した。
　④中学校においては、「外国語」を必修とした（英語履修を原則とする）。また、技術・家庭科で情報に関する内容を必修とした。
　⑤中学校・高等学校で、特別活動のなかの「クラブ活動」を廃止した。
　⑥高等学校の普通教科に「情報」、専門教科に「情報」及び「福祉」を新設した。
　⑦高等学校の「その他特に必要な教科」を「学校設定教科」、「その他の教科目」を「学校設定科目」に改称した。
　⑧盲学校・聾学校・養護学校の「養護・訓練」を「自立活動」に改称した。

参考・引用文献

田中耕治ほか『新しい時代の教育課程（第3版）』有斐閣アルマ、2011年。
日本カリキュラム学会編『現代カリキュラム事典』ぎょうせい、2001年。
水原克敏『現代日本の教育課程改革』風間書房、1992年。
文部省編『学制百年史』帝国地方行政学会、1972年。
文部省編『学制百二十年史』ぎょうせい、1992年。
　＊その他、文部省の諸学校学習指導要領。
山田恵吾ほか『学校教育とカリキュラム（新訂版）』文化書房博文社、2009年。

第4章　教育改革と教育課程

1　ゆとり教育批判と学力低下問題

　落ちこぼれを生み出す「詰め込み教育」への反省から1970年代後半に始まった「ゆとり教育」は、1998年の学習指導要領改訂で一定の完成を見たといってよいだろう。この改訂によって、学習時間と教育内容の3割程度が削減され、自ら学び考える授業を促進させることが学校教育の目標にされた。前章でも触れたように「総合的な学習の時間」の創設は、こうした一連のゆとり教育のシンボル的なものであった。この時間の目的は、「各学校が地域や学校の実態等に応じて創意工夫を生かして特色ある教育活動」が展開できるようにすることであった。さらにこうした特色ある教育活動を有意義なものにするため、学校完全週5日制が実施された。

　ところがこの新しい学習指導要領に則った教育課程編成が学校現場で実際に始められる時期になって、ゆとり教育は思いもかけない批判にさらされる。それが「学力低下」問題である。

　新学習指導要領が告示された次の年の1999年秋、サピックスや四谷大塚とならんで三大学習塾の一角を占める日能研が、学習指導要領では円周率の小数点以下を教えないし、台形の面積計算も学習しないとの見解をマスメディアを通じて伝えた。その反響は大きく、公教育では円周率が3.14ではなく3と教えられ、台形の面積計算もできなくなるとの憶測が広がった。文部科学省（以下、文科省）はすぐに、それは誤解であり、円周率も台形面積も教えないわけではないとする見解を提示したが、そのインパクトは大きく、学力低下問題は教育界の大きな話題になっていく。このようにゆとり教育に基づ

く文教政策は、その実施を前にして多様な問題を抱え、政策的な見直しが求められるようになる。

2　ゆとり教育からの転換

(1)「21世紀教育新生プラン」の提言

　ゆとり教育の完全実施にともなう学力低下への懸念は、実は2000年前後から文科省内部でも指摘されていた。当時の町村文相は、ゆとり教育路線を推進することを確認しながらも、基礎学力の向上の必要性を「21世紀教育新生プラン（レインボープラン）」（2001年1月25日：以下、レインボープラン）の中に盛り込んでいる。そもそもこのプランは、小渕及び森政権で行われた教育改革国民会議の検討報告を踏まえ今後の教育改革の取り組みの全体像を提言したものであり、この提言に基づいてその後教育基本法の改正等の教育改革が行われたことはよく知られている。ただ注目したいのは、以下に示す7つの提言の筆頭が基礎学力の向上だったことだ。

1．わかる授業で基礎学力の向上を図ります
2．多様な奉仕・体験活動で心豊かな日本人を育みます
3．楽しく安心できる学習環境を整備します
4．父母や地域に信頼される学校づくりを行います
5．教える「プロ」としての教師を育成します
6．世界水準の大学づくりを推進します
7．新世紀にふさわしい教育理念を確立し、教育基盤を整備します

　提言1の具体的内容をさらに確認しておくと、以下のようになる。
○基本的教科における20人授業、習熟度別授業の実現
○多様な個性や能力を伸ばす教育システムの整備（「科学技術・理科大好きプラン」の推進等）
○IT授業、20人授業が可能となる教室の整備（「新世代型学習空間」の整備）

○全国的な学力調査の実施
　このように提言1には、基礎的教科の学力向上を目指す小人数クラスの導入や、基礎学力の実態を把握するため学力調査を行うことなどが盛り込まれており、ゆとり教育の完全実施にむけて作業が進められている中で、学力問題へ対応がすでに意識されていた点に注意したい。ただこの時期、文科省内ではゆとり教育の完成は既定方針であり、それを根本的に見直す動きが具体的に出ていたわけではなかった。

(2)「学びのすすめ」と確かな学力の向上
　ところが2001年4月に就任した遠山文相によってゆとり教育からの転換が決定づけられる。遠山文相は、就任当初からゆとり教育の趣旨が教育現場レベルで十分理解されない場合、基礎学力の低下が大きな教育問題になることを危惧していたといわれている。そしてそうした問題の解決を学習指導要領や教科書等の改訂ではなく、学習指導の改善や強化によって実現させようと考えていた。以下の「確かな学力の向上のための2002アピール『学びのすすめ』」(2002年1月17日：以下、「学びのすすめ」)の趣旨にはそのようなことが含まれていた。
1．きめ細かな指導で、基礎・基本や自ら学び自ら考える力を身に付ける
　少人数授業・習熟度別指導など、個に応じたきめ細かな指導の実施を推進し、基礎・基本の確実な定着や自ら学び自ら考える力の育成を図る
2．発展的な学習で、一人一人の個性等に応じて子どもの力をより伸ばす
　学習指導要領は最低基準であり、理解の進んでいる子どもは、発展的な学習で力をより伸ばす
3．学ぶことの楽しさを体験させ、学習意欲を高める
　総合的な学習の時間などを通じ、子どもたちが学ぶ楽しさを実感できる学校づくりを進め、将来、子どもたちが新たな課題に創造的に取り組む力と意欲を身に付ける

4．学びの機会を充実し、学ぶ習慣を身に付ける
　放課後の時間などを活用した補充的な学習や朝の読書などを推奨・支援するとともに、適切な宿題や課題など家庭における学習の充実を図ることにより、子どもたちが学ぶ習慣を身に付ける
5．確かな学力の向上のための特色ある学校づくりを推進する
　学力向上フロンティア事業などにより、確かな学力の向上のための特色ある学校づくりを推進し、その成果を適切に評価する

　このような「学びのすすめ」で重視されていたのは、「確かな学力」の向上であった。中でも注目されるのは、学習指導要領を「最低基準」とし、能力のある子どもの発展的な学習を許容したことや、教育課程外の時間を活用した「補習授業」の必要性を指摘したこと、さらには学ぶ習慣を身に付けさせるため、家庭における学習の充実を求めた点である。ただこうした諸点は、改訂されたばかりの学習指導要領の基本原則を根本的に否定するものではなかった。新学習指導要領の趣旨はあくまでも、自ら学び、自ら考え、主体的に判断し、行動し、よりよく問題を解決する能力や、豊かな人間性、健康と体力などの「生きる力」を育成することであり、基礎的かつ基本的な学力を確実に身に付けることはその前提にすぎなかったといわれている。

　ところがこの時期、日本の学力問題は国際的視野からその実態が明らかとなり、それは教育課程改革の方向性を根本的に見直さなければならないインパクトを与えることになった。それがPISA問題である。

(3) PISA問題の影響力

PISAとは「生徒の学習到達度調査」(Programme for International Student Assessment：以下、PISA) の略称であり、経済協力開発機構（OECD）が2000年より3年ごとに実施している学力調査である。当初はさほど注目されなかったが、国際的な生徒の学習到達度のレベルがはかれるものとして関心を集め、次第に各国の教育水準を国際的に比較する際の指標となっていった。そ

の内容は、OECD加盟国の義務教育の終了段階にある15歳の生徒を対象にして、読解力、数学的リテラシー、科学的リテラシー、問題解決能力を調査するものである。

　2000年の調査で日本は、数学的リテラシーが1位、科学的リテラシーが2位であったが、読解力は8位と低迷した。「学びのすすめ」でもそのことが問題であると指摘されていた。ところが、2003年の調査では、科学的リテラシーが2位を維持したものの、数学的リテラシーは6位に転落し、読解力に至っては10位にも入らない14位に転落した。このような結果は、基礎学力問題に大きな影響を与えることになり、その解決が急務の教育課題になっていく。

　こうした状況に対応するため、2003年に文科省は、学習指導要領の一部改正に踏み切った。その第一は、すでに「学びのすすめ」でも提案されていた学習指導要領の「最低基準化」である。これによって学校現場では、児童生徒の実態に応じて学習指導要領に記述されていない内容でも加えて教えることができるようになる。第二は、総合的な学習の時間の一層の充実を図るため、各教科等の知識をより自覚的に総合化する工夫を学校に求めた。さらに第三は、個に応じた指導の一層の充実を図るため、習熟度別指導、課題学習指導、補習授業や発展学習の具体的方法が提示された。基本的には1998年改訂の学習指導要領の趣旨を再確認するものであったが、喫緊の課題である学力問題に一部対応する改正を行った。ただこうした改正はあくまでも緊急対応的な面が強く、学力問題を改善する根本的な改正ではなかったことはいうまでもない。

3　中央教育審議会と学習指導要領（2008年度）の改訂

　2005年2月1日、中山文科相が中央教育審議会（以下、中教審）に学習指導要領の見直しを指示するが、ゆとり教育の根本的な見直し作業はこの中教

審から始まるといってよい。審議はおよそ2年ほど続き、2007年にはその概要が明らかになった。

(1)「生きる力」の育成の再確認

　2005年の中教審以降ゆとり教育の根本的な見直しがなされていくのだが、その見直しはゆとり教育の中心的理念である「生きる力」の育成にまで及んだわけではない。むしろ「生きる力」を育むという教育理念は継承され、その意義は再確認されたといってよい。その際に注目されるのは、生きる力の教育理念が、OECDが提唱した「キー・コンピテンシー（Key Competency）」の先取りであったことが強調された点であろう。

　OECDは高度な情報技術が社会基盤となる21世紀社会の特徴を「知識基盤社会（knowledge-based society）」と定義したことはよく知られている。その社会には以下のような4つの特徴が見出せるという。

①知識には国境がなく、グローバル化が一層進む

②知識は日進月歩であり、競争と技術革新が絶え間なく生まれる

③知識の進展は旧来のパラダイムの転換を伴うことが多く、幅広い知識と柔軟な思考力に基づく判断が一層重要となる

④性別や年齢を問わず参画することが促進される

　こうした特徴を持つ知識基盤社会において必要とされる能力がキー・コンピテンシーである。コンピテンシーとは、単なる知識ではなく、技能や態度を含む様々な心理的・社会的な知的資源を活用して、特定の社会的な文脈の中で複雑な要求や課題に対応できる能力をさす。そしてその中心となるキー・コンピテンシーは、特に3つの領域において必要とされる能力が想定されているという。

①社会・文化的、技術的ツールを相互作用的に活用する能力（個人と社会との相互関係）

②多様な社会グループにおける人間関係形成能力（自己と他者との相互関係）

③自律的に行動する能力（個人の自律性と主体性）

　このようなキー・コンピテンシーを身に付けるために基礎的・基本的な知識・技能の習得が重要であることはいうまでもないが、さらに重要なのは、それらの知識・技能を活用して課題を見出し、それを解決するための思考力・判断力・表現力等を育成することである。

(2) 三層構造の学力観

　思考力・判断力・表現力等を育成させるために必要なのは、次の6つの学習活動であるといわれている。
　①体験から感じ取ったことを表現する活動
　②事実を正確に理解し、伝達する活動
　③概念・法則・意図等を解釈し、説明したり、活用したりする活動
　④情報を分析・評価し、論述する活動
　⑤課題について構想を立てて実践し、評価・改善する活動
　⑥互いの考えを伝えあい、自分の考えや集団の考えを発展させる活動

　中教審答申では、これらの学習活動の基盤となるものとして数式などを含む広い意味における言語能力を重視しており、そうした能力の育成のために重要な科目が「国語」である。さらに「理科」の観察や実験レポート、「社会科」の見学レポートの作成や推敲、発表・討論などが、全ての教科で取り組まれるべきであるとし、こうした学習活動によって子どもの言語能力が高められ、思考力・判断力・表現力等が育成されるという。

　すなわち、基礎的・基本的な知識・技能の「習得」を確実に行い、それを「活用」して思考力・判断力・表現力を身に付け、さらには主体的に「探究」する態度を形成させることが重要であり、それは「知識・技能・理解」という基礎的な第1層と、「思考力・判断力・表現力」という応用的な第2層と、主体的に学習活動に取り組む「探究的態度」という第3層で構成される「3層構造の学力」がこれからの学習活動には求められることが強調されている。

ただ、従来のゆとり教育の文教政策では、これら三層の学力育成はどれも不十分であり、とりわけ第1層の学力を育成させる教育実践が十分に機能していなかった点が問題視された。そのため2008年の学習指導要領では、その点を考慮した教育課程が提示されることになった。

(3) リテラシー教育の充実とコミュニケーション能力の向上

すでに指摘したように2003年のPISA調査の結果、読解力や数学的リテラシー、問題解決能力の低下が明らかになったため、2008年の学習指導要領では、それらに関連する教科目の時間数を増やしている。例えば小学校では国語・算数・理科と、新たに創設された外国語活動の時間数が全時間数の52％にもあたる2947時間となり、前回の学習指導要領の時よりも351時間も増加した。また中学校でも同様な科目の時間数は305時間となり、学習時間が大幅に増加している。そして第2層の学力の充実は、こうした授業時間数を確保した上で特に言語活動能力を高める教育活動に充てられることになった

例えば算数や数学では、知識や技能を単に学ぶだけではなく、それを様々な事柄に活用できる能力を学ぶために「算数的活動」や「数学的活動」が指導内容として規定された。また小学校の理科では、観察、実験の結果を整理し考察する活動や、科学的な言葉や概念を使って実際に考えたり、説明したりする学習活動を充実させ、そのために6年生の目標には「推論」が新たに規定されている。同様な取り組みは中学校でも求められており、「観察、実験の結果を分析して解釈し表現する能力」の育成が新たな目標となり、学校では生徒の実態に合わせた形で、単に観察・実験の時間を確保するだけではなく、問題解決学習のために探究する時間を新たに設けることになった。

また今回の改訂ではコミュニケーション能力を向上させることも重要な課題となっている。その際、特に注目されるのは先に指摘したように小学校で外国語活動が設定されたことである。この教育活動は、5・6年生段階でコミュニケーション活動を積極的に行う態度を育成し、異なる言語への自覚を

高めることによって国際感覚や国際理解への基盤を養うことを目指している。

(4) 道徳教育重視の教育課程

2006年およそ59年ぶりに教育基本法の改正がなされたが、その際重視されたものの一つに「道徳心」の育成があった。第2条の1項には「幅広い知識と教養を身に付け、真理を求める態度を養い、豊かな情操と道徳心を培うとともに、健やかな身体を養うこと」が明記され、準憲法的な側面を持つ教育基本法の中に道徳教育の重視の内容が盛り込まれることになった。

こうした教育基本法の改正の影響は、2008年の学習指導要領の内容にも大きく影響している。確かに従来通り道徳の時間は、毎週1時間、年間35時間のままである。しかしながら、小学校も中学校も学習指導要領の総則において、学校における道徳教育が「道徳の時間を要として」教科の学習を含む学校教育活動全体を通して行うことが明記された。

4　結語的考察——これからの教育課程の課題

冒頭でも指摘したが、教育荒廃や教育病理現象が問題視されていた1970年代後半から綿々と続けられてきたゆとり教育路線は、1998年の学習指導要領改訂で一定の完成を見る。ところが、その学習指導要領をまさに教育現場で実施しようとする2000年前後から、ゆとり教育への批判が広がり、本章で見てきたようにそうした教育からの脱却が試みられている。

2008年の中教審答申「幼稚園、小学校、中学校、高等学校及び特別支援学校の学習指導要領等の改善について」は、ゆとり教育の意義が以下の3つの点で教育現場には十分に理解されなかったことを指摘している。

一つ目は、ゆとり教育を進める上で重要な概念であった「生きる力」の教育的意義への共通理解、特に教育現場における理解が不足していた点である。今後はOECDが提唱するキー・コンペテンシー的な意味で「生きる力」の

教育的意義を理解し、その育成に努めていくことが求められる。二つ目は、ゆとり教育への誤解から、子どもの「自発性」を過度の尊重しすぎたことによる教師の指導性の欠如である。教育活動の主体が子どもであることはいうまでもない。しかしそのことは教師が指導を躊躇したり、教師の指導力を抑制することを意味するのではない。教師の指導力と子どもたちの自発性が相互に影響し合うことで多様な能力が開発されるべきである。そのため教師には教えることへの大胆な取り組みが求められている。三つ目は、各教科おいて知識・技能を活用した学習活動が十分になされてこなかったことである。基礎的な知識・技能を習得することは、単にそれらが身につているだけではなく、それらを様々な学習場面で実際に活用できて初めて習得したと見なすことができるのである。今後求められるのは各教科と総合的な学習の時間との連携において、課題解決的学習や探究活動を充実させることであろう。

そしてこのような問題点や今後の諸課題を受け、新学習指導要領では以下の項目が改訂の重要なものとして明記された。

①基礎的・基本的な知識・技能の習得
　　　→　「反復学習」や「思考や理解の重視」
②思考力・判断力・表現力等の育成
　　　→　各教科の「習得」、「活用」、「探究」という三層構造の学力育成、「記録」、「要約」、「説明」、「論述」という言語活動の重視
④学習意欲や学習習慣の確立
　　　→　家庭学習を含めた「学習習慣」の確立、勤労観・職業観を育てる「キャリア教育」の充実
⑤豊かな心や健やかな体の育成
　　　→　「他者」、「社会」、「自然・環境」とのかかわりの中で、自尊感情を育む教育の実施（集団宿泊、職場体験、奉仕体験活動）、道徳教育の充実・改善（規範意識の育成）、体力向上等による健やかな心身の育成（生涯スポーツ活動、望ましい食習慣、安全教育）

今後これらの教育課題を実現していくためには、優れた教育実践を積み上げていていき、そのスキルを多くの教員が共有していく必要がある。そうすることによって各学校の教育課程編成の中に新しい学習指導要領の趣旨が生かされていくことが望まれる。

参考・引用文献
　加藤幸次編『教育課程編成論』玉川大学出版部、2010年。
　工藤文三編『小学校・中学校　新学習指導要領全文とポイント解説』教育開発研究所、2000年。
　国立教育政策研究所監訳『PISA2006年調査　評価の枠組み－OECD生徒の学習到達度調査』ぎょうせい、2007年。
　小松夏樹『ドキュメント　ゆとり教育崩壊』中公新書ラクレ、2002年。
　田中耕治他『第3版　新しい時代の教育課程』有斐閣、2009年。

第5章　学校教育課程編成と教育評価

1　学校教育課程の編成

　学校教育課程とは、「学校の教育目的や目標を達成するために、教育の内容を児童・生徒の心身の発達に応じ、授業時数との関連において総合的に組織した学校の教育課程」（文部省編『小学校指導書　教育課程一般編』1978年）と解されてきた。

　2008（平成20）年に公示された小学校・中学校の学習指導要領で「各学校においては、教育基本法及び学校教育法その他の法令並びにこの章以下に示すところに従い、児童・生徒の人間として調和のとれた育成を目指し、地域や学校の実態及び児童・生徒の心身の発達の段階や特性を十分考慮して、適切な教育課程を編成するものとし、これらに掲げる目標を達成するよう教育を行うものとする」と定められ、各学校では、校長・教頭・主任などのリーダーシップにより、教職員が共同して学校の年間計画を作成し、教育課程を編成している。

　さらに、地域社会に開かれた学校づくりを推進するため2000（平成12）年度から始まった学校評議員制（学校教育法施行規則第49条）などによって、保護者、地域住民などが学校教育課程編成に参加できる可能性もひろがった。

(1)　教育目標の設定

　学校教育課程編成において、最初に問われるべきは教育目標の設定である。つまり学校教育により育もうとする人間像を設定することである。公教育において、教育目標の設定根拠となるものは、日本国憲法、教育基本法、学校

教育法、学習指導要領、都道府県・市町村の教育目標といった「諸法令等」であり、それに児童生徒・地域社会の実態などを加味して設定される。

資料5-1　日本国憲法および教育基本法の条文（一部抜粋）

○日本国憲法（1946年）
第26条　（教育を受ける権利、教育の義務）
　すべて国民は、法律の定めるところにより、その能力に応じて、ひとしく教育を受ける権利を有する。②すべて国民は、法律の定めるところにより、その保護する子女に普通教育を受けさせる義務を負ふ。義務教育は、これを無償とする。
○旧教育基本法（1947年）
第1条　（教育の目的）
　教育は、人格の完成をめざし、平和的な国家及び社会の形成者として、真理と正義を愛し、個人の価値をたつとび、勤労と責任を重んじ、自主的精神に充ちた心身ともに健康な国民の育成を期して行われなければならない。
○改正教育基本法（2006年）
第1条　（教育の目的）
　教育は、人格の完成を目指し、平和で民主的な国家及び社会の形成者として必要な資質を備えた心　身ともに健康な国民の育成を期して行われなければならない。

(2) 教育内容の選択

　教育目標に応じて学校や教育者は、社会に存在するいろいろな文化の中から次世代に伝えたい内容を選択しそれらを教育内容として構造化する必要がある。

　伝えたい文化内容の選択について、例えば、理科については自然科学の専門性を保持しつつ教授するのか、あるいは一般的教養として身につけることを目途とするのかにより選択内容が変わってくる。これは学校体系における

普通教育、専門教育との関連に留意しながら検討すべきものである。

　教育目標に依拠して文化から選択された教育内容は、スコープ（scope）とシーケンス（sequence）により構造化される。スコープとは、教育課程全体においては領域を、ある領域においては範囲をさす用語である。シーケンスとは、子どもの発達段階に即した教育内容の排列、学習の順序・系統性を意味する。スコープとシーケンスにより生成されるのが、学習内容の区分的まとまりとして学習者に提供される単元である。

(3) 教育内容の組織

　学校教育課程の共通性をどこまで確保し、またどの程度の弾力性を持たせるかを考える必要がある。基本的な履修原理として、履修主義を採るか修得主義を採るかが問題となる。履修主義とは、被教育者が所定の教育課程を能力に応じて一定年限履修すればよく、所定の目標を満足する成果をあげることは求められていない。修得主義とは、被教育者が所定の教育課程を履修し、その目標に関して一定の成果をあげることが求められ、それができなければその課程を修了したと認められない。日本では、前者が義務教育学校で、後者が高等学校や大学で採用されている。

　さて、学習指導要領に定められた教科や教科外活動につき、各学校は原則として全教員によって学校全体の計画を策定する必要がある。この全体計画は、各教育委員会に提出される。

　まず作成しなければならないのが「年間行事計画」である。年間の行事を設定し、4月から翌年3月までの授業日数（登校日）を確定する。

　次に作成するのが「日課表」である。日課表とは、月曜日から金曜日まで、一日がどのようなスケジュールで行われるのかを示したものである。1時間目は何時から始めるのか、朝会、休憩時間、給食、清掃、帰りの会などの時間を確保しつつ1週間の授業時数を確定する。なお、授業開始時間をはじめとしたスケジュールは校長が最終的な責任を負う（学校教育法施行規則第60条）。

年間授業日数や1週間の授業数が確定すると、さらに学習指導要領の定めた各教科・各領域の授業時間数を配当していく。1週間に1時間設定されている授業なら、年間35時間が確保できる計算になる。そのほかに、各学年・各領域の指導課題を設定することも大切である。

(4) 教育内容の提供

学校の全体計画に基づき各単元ごとの教育内容を提供することが授業である。そして授業計画を学習指導案（教案、指導案とも言う）と呼ぶ。1回分の授業計画を示す場合が多いのだが、単元のなかにおける当該授業の持つ位置と役割を明らかにするため、単元全体の目標や課題等を示す必要がある。

学習指導案は一般的に、①単元（題材・教材）名、②授業の日時、場所、学習者（学年・学級、人数）、授業者、③単元について（単元の設定理由・学習者の実態・教材観・指導観など）、④単元目標、⑤指導計画（全体で○時間扱いの単元など）、⑥本時の指導計画（段階・学習内容と活動・指導上の留意点・評価の観点）、⑦評価、の事項が記載される。

2　学校教育における教科書

(1) 教科書とは何か

教科書とは、広義には教育や学習のために編集される図書一般を指し、狭義には「小学校、中学校、中等教育学校、高等学校並びに特別支援学校の小学部、中学部及び高等部の児童又は生徒が用いるため、教科用として編修された」図書を言う。

①広義の教科書

かつて、教科書と言えば教典・経典や古典であった。聖書はキリスト教の、コーラン（クルーアン）はイスラム教の普及発展に不可欠な教科書であったし、中国や日本などでは四書五経が教科書として用いられ、また漢字を学ぶ

ための手本として「千字文」が普及した。

　学校教育の発展とともに、学習書として教育目的や子どもの発達段階に応じた教材を精選し編集するようになった。17世紀に活躍した"近代教授学の祖"と呼ばれるコメニウス（Comenius, J.A.）は、視覚に訴える方法を採用し世界最初の絵入り教科書である『世界図絵』（Orbis Sensualium Pictus）を1658年に刊行した。この本は、見開き2ページを1課に充て、木版画のイラストレーションと言語とを左右のページで対照できるよう工夫されている。『世界図絵』発刊以後、ヨーロッパでは図版と文章を改良した新版が様々な言語を用いて出版された。

　『世界図絵』が普及していった頃、日本では庶民の教育機関である手習塾（寺子屋）が徐々に現れていった。手習塾では往来物（平安時代後期から明治時代初頭にかけ、主に往復書簡などの手紙類の形式をとって作成された初等教育用テキストの総称）が用いられ、それらの中でも特に『実語教』と『童子教』が流布したとされる。1688（貞享5）年には、往来物の一つである『庭訓往来』の内容を絵図で示し子どもたちにその意味をわかりやすく理解させようと『庭訓往来図譜』が作成された。往来物の内容は庶民の生活に即したもので、身分や地域社会の生活に結びつけた編成がなされており、「山高きが故に貴からず」にはじまる『実語教』などの教訓的なもの、「都路は五十次余にみつの宿」にはじまる『都路往来』などの地理的教材、「抑、農家耕作の事」からはじまる『農業往来』など職業教育を主眼としたもの等に分類できる。

　②狭義の教科書
　法令上に規定された「教科書」や「教科用図書」の定義が、狭義の教科書を考えるための参考となる。
　「教科書の発行に関する臨時措置法」（教科書発行法）第2条では、「教科書」を「小学校、中学校、高等学校、中等教育学校及びこれらに準ずる学校において、教育課程の構成に応じて組織排列された教科の主たる教材として、教授の用に供せられる児童又は生徒用図書であり、文部科学大臣の検定を経

たもの又は文部科学省が著作の名義を有するもの」としている。ここでの「教科書」とは、学習指導要領等に基づく教育課程の構成に応じて組織排列されていること、教科の主たる教材であること、教授の用に供せられる児童・生徒用図書であること、そして文部科学省検定済教科書と文部科学省著作教科書の2種類があること、が示された。また、「教科用図書検定規則」第2条では、「この省令において『教科用図書』とは、小学校、中学校、中等教育学校、高等学校並びに特別支援学校の小学部、中学部及び高等部の児童又は生徒が用いるため、教科用として編修された図書をいう」と規定している。

このように、法令上の用語として「教科書」や「教科用図書」が使用されているが、どちらも同じ意味である。

(2) 教科書の種類と使用義務

すべての児童生徒は、教科書を用いて学習する必要がある。学校教育法第34条で「小学校においては、文部科学大臣の検定を経た教科用図書又は文部科学省が著作の名義を有する教科用図書を使用しなければならない」と、文部科学省の検定を経た教科書（文部科学省検定済教科書）または文部科学省が著作の名義を有する教科書（文部科学省著作教科書）の使用を義務づけている。この規定は、中学校（同法第49条）、高等学校（同法第62条）、中等教育学校（同法第70条）及び特別支援学校（同法第82条）にも準用される。

教科書使用義務の例外として、「高等学校、中等教育学校の後期課程及び特別支援学校並びに特別支援学級においては、当分の間、第34条第1項（第49条、第62条、第70条第1項及び第83条において準用する場合を含む。）の規定にかかわらず、文部科学大臣の定めるところにより、第34条第1項に規定する教科用図書以外の教科用図書を使用することができる」（学校教育法附則第9条）とした。その理由は、高等学校・中等教育学校後期課程では教科・科目数が多くそれらすべてに教科書が作成されるわけではないこと、特別支援学校や

特別支援学級においては小・中学校と同じ教科書を使用することが適切でない場合があること、などが挙げられる。よって、適切な教科書がないなど特別な場合には、一般図書を教科書として使用することができるのである。

(3) 補助教材

　学校教育法第34条第2項で「前項の教科用図書以外の図書その他の教材で、有益適切なものは、これを使用することができる」と、教科書以外の補助教材を使用ができるよう規定している。補助教材の選定は、その教材を使用する学校の校長や教員が行い、教育委員会はその使用について「あらかじめ、教育委員会に届け出させ、又は教育委員会の承認を受けさせることとする定を設けるものとする」(地方教育行政の組織及び運営に関する法律第33条第2項)とされた。

　補助教材として、副読本、資料集、新聞、DVD等を挙げることができる。これらを使用した教育活動により、児童・生徒の学習活動をより豊かにすることができるが、使用時においては著作権の問題に注意せねばならない。

　著作権者以外の者が著作物を利用する場合には、基本的に著作権者の承諾を得る必要がある(著作権法第63条)が、「学校その他の教育機関(営利を目的として設置されているものを除く)において教育を担任する者及び授業を受ける者は、その授業の過程における使用に供することを目的とする場合には、必要と認められる限度において、公表された著作物を複製することができる。ただし、当該著作物の種類及び用途並びにその複製の部数及び態様に照らし著作権者の利益を不当に害することとなる場合は、この限りでない」(同法第35条)と、学校において一定の条件を満たすことにより著作物を自由に利用することが認められている。

(4) 日本の教科書制度
　①教科書制度の沿革

戦前・戦中期の小学校教科書制度については、自由発行・自由採択（1872年～）、開申（届出のこと）・認可制（1881年～）、検定制（1886年～）、国定制（1904年～）と変遷をたどった。なお、中等学校（旧制中学校・高等女学校・実業学校）用教科書は、おおむね検定制が採用されていた。

　戦後の教科書制度は、1947（昭和22）年の学校教育法により国定制から小・中・高等学校を通して検定制を採用し、現在に至っている。教育の中立性の確保や適正な教育内容の維持等を目的とする教科書検定制をめぐって、これまで激しい論争が繰り返された。特に1965（昭和40）年から32年間にわたって展開された教科書裁判（家永教科書裁判）は憲法論議にまで至り、社会的に大きく取りあげられた。

　②教科書が児童・生徒の手に渡るまで

　教科書発行者の編集した教科書が、児童・生徒の手に渡るまでには、次のようなプロセスをたどる。

　ⅰ．教科書の編集

　民間の教科書発行者が、学習指導要領や教科用図書検定基準等に従って図書を作成し、検定申請を行う。

　ⅱ．教科書の検定

　教科書発行者が検定申請をすると、その図書は文部科学省内の教科書調査官の調査に付され、また文部科学大臣の諮問機関である教科用図書検定調査審議会に諮問される。この審議会の答申により、文部科学大臣がその合否を決定する。

　ⅲ．教科書の採択

　教科書採択の権限は、公立学校においてはその設置者である市町村（特別区含む）・都道府県の教育委員会が、国立・私立学校においては当該校の校長にある。採択された教科書の需要数は文部科学大臣に報告することとなっている。採択の方法であるが、義務教育学校で使用される教科書は「義務教育諸学校の教科用図書の無償措置に関する法律」に定められているが、高等

学校の教科書については法令上の具体的規定はない。

ⅳ．教科書発行（製造・供給）及び使用

文部科学大臣は、教科書需要数の集計結果に基づき、各発行者に対し教科書の種類及び部数を指示する。この指示を承諾した発行者は教科書を製造し、供給業者に依頼して各学校へ供給する。そして、供給された教科書が児童・生徒に渡される。

3　教育課程への評価

(1) 学校教育課程への評価

子どもの発達を促進するため意図的・計画的に働きかけることが学校教育である。この学校に対する教育評価は、教育の成否を確認し、教育の改善につなげていく重要な活動である。

教育評価は、学力評価、授業評価、教育課程評価、学校評価など、種々に設定できる。水越敏行は、授業評価、教育課程評価、学校評価の関係を整理

表 5-1　授業評価・教育課程評価・学校評価の関係図

学校評価	
	学校の教育目的
	学校経営の方針
教育課程の評価	学校研究の課題と方法
地域のカリキュラム	学校の研修体制
年間指導計画	管理職のリーダーシップ
学校行事等	教師集団の人間関係
下級・上級学校との連携	児童・生徒の実態
教授組織	児童・生徒のニーズや期待
授業評価　学習組織	保護者のニーズや期待
授業過程の評価　施設・設備の利用状況	学校と保護者との協力
授業成果の評価　学習活動のためのスペース	地域社会との連携
	スクールカラー、伝統

（出所）　水越敏行『授業評価研究入門』明治図書出版、1982年、20頁。

しているが、教育課程評価が授業評価を核心部として含みながら、教室で行われている教授・学習活動を間接的に規定する諸条件に関する評価をも包含するものとして位置づけた。

　また文部科学省は、2008（平成20）年より、学校の組織的・継続的な取組・説明責任、学校・家庭・地域の連携協力、教育委員会による支援・改善により、児童生徒がより良い学校生活を送れるよう学校運営の改善と発展を目指すための「学校評価ガイドライン」を策定し、さらにその改訂がなされている。それによると、①教職員自らによる「自己評価」（PDCAサイクルを用いる）、②保護者や地域住民による「学校関係者評価」、③当事者や学校関係者でない第三者による「第三者評価」により、教育の質を高めようとしている。

(2) 児童・生徒への評価

　指導要録とは、児童・生徒への教育評価を記載する公的文書であり（学校教育法施行規則第24条）、学籍、指導の過程と結果の要約等を記録して以後の指導に生かすとともに、外部に対する証明にも用いられる原簿である。通知表は学校と家庭との非公式な連絡簿であり、法的な規定はない。

　戦前・戦中期には指導要録の前身である学籍簿が用いられ、ややもすれば教師の恣意的な評価がなされていた（絶対評価・認定評価）。この絶対評価の主観性に対する批判から、戦後の指導要録では相対評価が導入された。相対評価とは、母集団内での子どもたちの位置・序列を明らかにするもので、「集団に準拠した評価」とも呼ばれる。試験の点数に基づき客観的に成績がつくようになったことで、ある種の解放感・公平感をもたらしたが、必ずできない子どもがいることを前提とすること、競争を常態化してしまうこと、学力の実態ではなく集団内における子どもの相対的な位置を示すに過ぎないことなどが指摘された。このような相対評価に対する問題点の指摘により、1971（昭和46）年改訂指導要録では絶対評価を加味した相対評価が行われ、

表5-2 2010年改訂小学校児童指導要録参考様式（一部）

様式2（指導に関する記録）

児童氏名	学校名	区分／学年	1	2	3	4	5	6
		学級						
		整理番号						

各教科の学習の記録

I 観点別学習状況

教科	観点／学年	1	2	3	4	5	6
国語	国語への関心・意欲・態度						
	話す・聞く能力						
	書く能力						
	読む能力						
	言語についての知識・理解・技能						
社会	社会的事象への関心・意欲・態度						
	社会的な思考・判断						
	観察・資料活用の技能・表現						
	社会的事象についての知識・理解						
算数	算数への関心・意欲・態度						
	数学的な考え方						
	数量や図形についての表現・処理						
	数量や図形についての知識・理解						
理科	自然事象への関心・意欲・態度						
	科学的な思考						
	観察・実験の技能・表現						
	自然事象についての知識・理解						
生活	生活への関心・意欲・態度						
	活動や体験についての思考・表現						
	身近な環境や自分についての気付き						
音楽	音楽への関心・意欲・態度						
	音楽的な感受や表現の工夫						
	表現の技能						
	鑑賞の能力						
図画工作	造形への関心・意欲・態度						
	発想や構想の能力						
	創造的な技能						
	鑑賞の能力						
家庭	家庭生活への関心・意欲・態度						
	生活を創意工夫する能力						
	生活の技能						
	家庭生活についての知識・理解						
体育	運動や健康・安全への関心・意欲・態度						
	運動や健康・安全についての思考・判断						
	運動の技能						
	健康・安全についての知識・理解						

II 評定

学年／教科	国語	社会	算数	理科	音楽	図画工作	家庭	体育
3								
4								
5								
6								

総合的な学習の時間の記録

学年	学習活動	観点	評価
3			
4			
5			
6			

特別活動の記録

内容／学年	1	2	3	4	5	6
学級活動						
児童会活動						
クラブ活動						
学校行事						

行動の記録

項目／学年	1	2	3	4	5	6
基本的な生活習慣						
健康・体力の向上						
自主・自律						
責任感						
創意工夫						
思いやり・協力						
生命尊重・自然愛護						
勤労・奉仕						
公正・公平						
公共心・公徳心						

出欠の記録

区分／学年	授業日数	出席停止・忌引等の日数	出席しなければならない日数	欠席日数	出席日数	備考
1						
2						
3						
4						
5						
6						

1980（昭和55）年改訂指導要録の「観点別学習状況」欄において絶対評価が行われるようになった。

　指導要録には、子どもの発達に着目しそれを継続的・全体的に見ようとする個人評価の欄がある。しかし、個人内評価は努力しても集団内順位のあがらない子どもへの救済措置となってしまい、後述の「目標に準拠した評価」との併用が求められている。

　学力評価であるにもかかわらず、その水準の曖昧さが指摘された相対評価を克服するために到達度評価が導入された。到達度評価とは、到達目標を規準としてそれに到達しているか否かで子どもを評価しようとするものであり、「…がわかる」、「…ができる」などのように目標内容が到達点として示される。

　この「到達目標を達成できたかどうか」の二分法的評価に対して、段階的に「どの程度達成できたか」という規準を用いた評価方法を「目標に準拠した評価」と言う。2001（平成13）年改訂指導要録及び2010（平成22）年改訂指導要録では、「観点別学習状況」欄・「評定」欄に、「目標に準拠した評価」（いわゆる絶対評価）が導入されている。2010（平成22）年改訂指導要録における「観点別学習状況」欄の観点が、「関心・意欲・態度」、「思考・判断・表現」、「技能」、「知識・理解」に整理された。

参考・引用文献
　安彦忠彦『教育課程編成論』放送大学教育振興会、2002年。
　柴田義松編『教科書』有斐閣、1983年。
　田中耕治編『よくわかる教育評価』ミネルヴァ書房、2005年。
　田中耕治ほか『新しい時代の教育課程（第3版）有斐閣アルマ、2011年。
　水越敏行『授業評価研究入門』明治図書出版、1982年。
　文部科学省初等中等教育局『教科書制度の概要』、2008年。
　山田恵吾ほか『学校教育とカリキュラム（新訂版）』文化書房博文社、2009年。

第 2 部

教育実践学としての教育方法

第6章　現代教育の課題と教育方法学

1　知識基盤社会に求められる教育方法

(1) 知識基盤社会における学校の役割

　現代社会において、学校はどのような役割を果たせばいいのだろうか。それは第一に知識基盤社会に対応できる学校ということであろう。知識基盤社会は、2005（平成17）年の中央教育審議会答申「我が国の高等教育の将来像」で提起された概念で、「新しい知識・情報・技術が政治・経済・文化をはじめ社会のあらゆる領域での活動の基盤として飛躍的に重要性を増す社会」を意味する。

　現代社会は大きく、そして急激に変わってきている。情報産業が拡大し、知識が高度化すると同時に、その知識の通用する時間が短くなる。もはや学校教育は、これから生きていくために必要な知識すべてを子どもたちに与えることなどできず、一生にわたって学び続けていくための基礎を育てることを求められている。それは言い方を変えれば、学び方を学ぶ力を育てることを求められていると言い変えることもできるだろう。

　また、同時に、与えられる知識を受動的に身につけるのではなく、これまで以上に学びの主体性を大切にし、問題解決能力や創造力を育てること、そして他者と協同するためのコミュニケーション能力を育てることが求められる。つまり学力観の見直しが求められている時代なのである。具体的には、自ら問いを立てること、そのために他者と対話し、そして時には他者の評価やアドバイスを受け入れながら自らの思考を鍛えていくこと、そしてそう簡単には解けない問題に向き合い続けながらその状況を受け入れていくこと等

が求められるのである。

　そのための学びの場となることが学校の役割である。学校は、単に教師が知識を子どもたちに伝達するだけの場ということではなく、子どもたちと教師、そして地域が、これからの社会に求められる「生きる力」をともに育み合う共同体、学びの広場なのである。

　2008（平成20）年1月に、中央教育審議会は教育基本法や学校教育法の改正を踏まえて答申「幼稚園、小学校、中学校、高等学校及び特別支援学校の学習指導要領の改善について」を出したが、そこでも「生きる力」という理念の共有が基本的な考え方の一つとして示された。今回改訂された学習指導要領においても、1996（平成8）年の中央教育審議会で提言された「変化の激しい社会を担う子どもたちに必要な力は、基礎・基本を確実に身に付け、いかに社会が変化しようと、自ら課題を見つけ、自ら学び、自ら考え、主体的に判断し、行動し、よりよく問題を解決する資質や能力、自らを律しつつ、他人とともに協調し、他人を思いやる心や感動する心などの豊かな人間性、たくましく生きるための健康や体力などの「生きる力」である」という理念が継承されたのである。

　今日、このような知識基盤社会に求められる学力を身につけるための教育方法が求められている。知識基盤社会においては、教師が説明して子どもたちに理解させる教育や暗記中心の学びでは対応できないのである。知識基盤社会を生き抜いていける創造や探究を支える思考や他者と協同していくためのコミュニケーション能力をどのようにして育てるかが、これからの教育方法の課題である。

　グローバリゼーションの進展のなか、こうした傾向は日本だけに見られることではない。それはPISA調査を行っている経済協力開発機構（Organisation for Economic Co-operation and Development；OECD）がキー・コンピテンシーとして、①社会・文化的、技術的ツールを相互作用的に活用する能力②多様な社会グループにおける人間関係形成能力③自律的に行動する能力、の

第6章　現代教育の課題と教育方法学

三つをあげていることからも理解できるだろう。

　これからの教育は、こうした状況をふまえ、カリキュラムをプログラム型からプロジェクト型へと転換させていくことや、協同的学びを成立させることへの工夫を求められることになるだろう。

(2) プログラム学習とプロジェクト学習

　プログラム学習もプロジェクト学習もともに、一斉授業による教え込みへの批判から生まれてきた学習方法である。

　佐藤学によれば、プログラム型カリキュラムとは、大工場生産システムのアセンブリ・ラインを原型とするカリキュラムの様式であり、階段を一段一段のぼるようにカリキュラムが作成され、〈目標―達成―評価〉の活動単位で組織されている。学習プログラムを提示された子どもは、それぞれのペースで、一歩一歩学習を進めていくことができる。プログラム学習の背景には、スキナー (B.F. Skinner 1904-1990) による学習理論があり、それは、スモールステップの原理や自己ペースの原理、積極的反応の原理、即時確認の原理、学習者検証の原理などである。

　いっぽう、プロジェクト型カリキュラムは、ある主題が子どもたちによってさまざまに学ばれるもので、〈主題―探究―表現〉の活動単位で組織される。学びの道筋は子どもたちによってさまざまに選択され、学びの経験そのものが重視される。プロジェクト型学習の背景にはデューイ (J. Dewey 1859-1952) の考え方がある。

　プログラム学習においては、達成目標とその目標に沿った結果の評価が問題となるのに対して、プロジェクト学習においては、学びの経験の意味を質的に評価することが大切となってくる。この意味で、PDCAサイクル*の運用については注意が必要である。「総合的な学習の時間」を例にして考えて

---

*PDCAサイクルとは、生産管理などの管理業務において、計画、実行、評価、改善をスパイラル的に実施して業務を改善しようとする考え方。

65

みよう。たとえば、実際にザリガニを飼うという体験学習を実施したとしよう。そこでPDCAサイクルを重視した立場にたてば、体験の目標を明確に定め、その目標にそって実践の結果が評価されなければならないことになるだろう。だが、これはおかしな話である。そもそもザリガニを飼うことから、子どもたちがどのような学びの軌跡をたどるかは様々だからである。たとえば、命の大切さを教えるという目標を絶対視してしまうことは、子どもたちの学びの幅を狭め、また自由な発想で学びを展開している子どもたちを低く評価してしまうことになる。

(3) 学力と教育方法

　ここのところ日本の子どもたちの学力低下をめぐって様々な議論が起こっている。この議論の発端は経済協力開発機構が行った学習到達度調査（Programme for International Student Assessment；PISA）の結果であった。3年に一度行われる義務教育終了時点での読解力、数学的リテラシー、科学的リテラシー、そして質問紙からなる調査である。日本の子どもたちは、第一回調査（2000（平成12）年）において、読解力8位、数学的リテラシー1位、科学的リテラシー2位であったが、第四回（2009（平成21）年）には持ち直してきたものの、順位が、第二回（2003（平成15）年）及び第三回（2006（平成18）年）と下がり続けたことが問題となった。

　学力低下に関しては、すでに1998（平成10）年学習指導要領において「ゆとり教育」が提起された（完全実施は2002（平成14）年）段階で、様々な方面から主張され、文部科学省は、ゆとり教育に基づく学習指導要領の完全実施を前に早くも「確かな学力の向上のための2002アピール『学びのすすめ』」を出し、子どもたちに確かな学力をつけることの重要性を強調した。またゆとり教育による学力の格差の広がりなどをめぐって学力論争が活発に展開した。

　と同時に、ゆとり教育の一つの象徴でもあった「総合的な学習の時間」に

対して文部科学省は様々なテコ入れをすることになる。だが、そのことは、学校において探究的な学力を育てることの難しさを示している。実際に、現在、学校現場の熱意は、「総合的な学習の時間」から確かな学力をつけることへと移ってきているようにみえる。

2　教育実践学としての教育方法学

(1) 教育方法学とはどのような学問か

「教育方法学」とは曖昧な用語である。教育学は、「何をどう教えるか」という問いから始まったが、17世紀「教授学（Didaktik）」の創始者であるコメニウス（J.A. Comenius 1592-1670）は、教授学を「あらゆる人にあらゆる事柄を教授する普遍的な技法」と定義した。教育方法学は、教授学を出発点として、19世紀におけるライン（W. Rein 1847-1929）を中心とするヘルバルト主義の教育学、さらには「授業研究」、「教室研究」という新しい概念を含みこみながら、カリキュラム研究や教師教育研究を包括する学問になっていった。

また教育方法学は方法に関する学際的性格をもっている。佐藤学が指摘しているように、「教育方法学は、教育過程において生起する実践的な問題の対象領域（授業、学習、カリキュラム、教師）によって規定された学問のジャンルであって、特定の学問分野（ディシプリン）を基盤として成立した学問ではない」。教育方法学が実践的な課題を直接に対象にする限りにおいて、総合的な視点をもってその課題にアプローチすることが求められることから、学際的な視点がどうしても必要となってくるのである。

教育方法学は、教室で展開している具体的な実践そのものを捉え、そしてその捉えに即して具体的な実践課題の解決を追求していく学問である。そこでは、具体的実践に向けて学際的成果を総合することが求められるだろう。したがって、教育方法学は、指導法や子どもとのかかわり方（狭義）に関す

る学問ということにはおさまらない。教育実践は、人間形成の方法の学（広義）でもあるからである。ヘルバルト（J.F. Herbart 1776-1841）は、教育的教授（Erziehender Unterricht）という考え方を提示したが、それは教授が単に指導によって知識や技能を獲得させることにとどまらず、人間形成へと結びつくものであることを意味している。

(2) 教育方法学の対象と研究方法

教育方法学の研究対象は、①学習指導の原理や子どもに関する研究、②教材・教具、メディアに関する研究、③学習指導の過程や授業づくりに関する研究、④教師の専門性に関する研究、⑤授業分析や教育評価に関する研究に分けられる。

第一（①）が、学ぶということの意味やそのメカニズムを明らかにしながら、実際の授業をどのように構成していくのかを探究していく研究である。個別学習や協同学習のもつ意味や可能性、興味関心を高めるための方法や動機づけ、習熟度別や話し合い活動などの学習形態の是非、さらには一般的に子どもの発達に即した学習の在り方についての研究などが含まれる。

第二（②）が、教材・教具やメディアに関する研究である。主体的学びが強調される時代においては、これまで以上に、教師が教材・教具を選択するということはどのようなことで、その際そのようなものが子どもたちにふさわしいのかを考えることが重要である。また情報化社会と言われる現代において、情報機器や視聴覚機器をどのように活用するかについての研究が重要になってきているということもできる。現在、ICT教育、電子黒板や電子教科書の活用は喫緊の課題となっている。

第三（③）が、学習指導過程や授業づくりに関する研究である。子どもと教師、そして教材で成り立つ「教授の三角形」を意識しながら、どのように実際の授業を作り上げていくのかについての研究である。導入、展開、まとめ各段階の位置づけ方の研究、発問の仕方、板書計画、ワークシートの活用

の仕方、調べ学習やグループ活動の位置づけ、話しあい活動の具体的工夫などの研究が含まれる。知識基盤社会を生きる子どもたちに求められる学びという視点からも、従来の枠組みにとらわれない学びを生み出すための研究が求められる。

　第四（④）が、教師の専門性についての研究である。知識基盤社会において学びの主体性が強調されるようになるにしたがって、教師の役割に関しても大きな転換が求められることになる。ショーン（D. Schön）は、建築や臨床心理、都市計画などの専門家に関する事例研究をとおして、従来の専門家（professionals）が信じてきたような、どんな状況にも有効に働く科学的技術の合理的適用では問題に対応できないことを明らかにしている。専門家は、経験によって培った暗黙知を駆使しながら複雑な問題状況を省察し、その複雑な状況と対話しながら複合的問題にクライアントとともにアプローチする「反省的実践家」であることが求められるのである。

　第五（⑤）が、実際の授業や学級・学校でのエピソードを観察・記録して、子どもたちの存在や学びの在り方について明らかにする研究である。またそうした子どもたちの学びの在り方と同時に、何をどう評価するのかといった教育目標や評価の方法についての研究がすすめられなければならない。相対評価なのか到達度評価なのか、第三者による評価なのか、自己評価なのか、ピア評価なのか、ポートフォリオの活用、ルービック評価など様々な評価についての研究が行われているが、教育目標の明確化が強調される今日において、評価の研究はますます重要になっていくものと思われる。

(3) 授業研究の方法と課題

　日本で「科学的な」授業研究が組織されていったのは1960年代である。授業に関する個別の事例が一つのエピソード（物語）として記録され、そうした記録に基づいて話し合うスタイルで実施されていた従来の授業研究に対して、主観性を排した客観的なデータに基づいた研究が目指されるようになる。

教師や子どもたちの発言を録音して忠実に記録を起こし、そのデータに即して実証的な分析を行ったり、あるいは指示や発問といった教授技術に注目して実証的検証を行ったりした。こうした研究は、授業に「科学的技術の合理的適用」が可能であるという立場にたっていることになるだろう。その場合、教師は「技術的熟達者」として見られていたことになる。

「工学的接近」と「羅生門的接近」という概念を用いて考えてみよう。

「工学的接近」とは、生産システムをモデルとする教育工学的アプローチである。工学的接近は、「一般目標」、「特殊目標」、「行動目標」、「教材」、「教授学習過程」、「行動目標に照らした評価」という生産システムをモデルとした段階で示される。また評価は、行動目標に照らした客観的な数量的評価として行われる。

一方、「羅生門的接近」においては、実践に対して多様な側面からの解釈が可能であると解される。したがって、教室の事実に関するただ一つの絶対的解釈は存在しないことになる。評価においても、目標にとらわれず子どもの学びに着目した評価が行われる必要があり、主観的で常識的な記述に基づいて、多様な側面から解釈することが求められる。そしてだからこそ、授業分析は授業について語り合い聞き合う研究の場を必要とすることになるのである。

実践への工学的接近は量的研究と結びつく。量的研究においては、実践の場で生じた事実をコードやカテゴリーを用いて符号化し、その符号化をとおして事実の分類を行う。こうした研究方法としては、①質問紙による子どもへの調査や学力試験の結果の分析、②授業そのものの量的分析がある。①としては、たとえばPISA調査が挙げられる。②としては、たとえばフランダース（N.A. Flanders）の方法が挙げられる。フランダースは、授業の逐語記録をとり、3秒ごとに10のカテゴリーのいずれかに分類し、そこから授業の特徴を明らかにした。

いっぽう、実践への羅生門的接近は、個別の事例に即して行われる質的研

究と相性がいいということができる。今日質的研究は多様化し、①エスノグラフィー、②現象学的研究、③ナラティブアプローチ、④ディスコース分析、⑤ライフヒストリー研究、⑥グラウンディッド・セオリーなど様々な方法が試みられている。

3　教えることから学ぶことへの転換

(1) 学習指導要領における「総合的な学習の時間」の位置づけ

1998（平成10）年学習指導要領において「総合的な学習の時間」が新設された。それは「生きる力」を育むための柱として構想されたものであった。具体的には、教科の枠を超えた学習をとおして社会の変化に主体的に対応できる資質や能力を育成しようとするものであった。つまり、各教科で身につけた知識や技能を関連づけ、深めることによって、総合化することが目指されたのである。

2008（平成20）年学習指導要領においても、「総合的な学習の時間」は引き継がれる。ただし、前学習指導要領下における課題を踏まえて、改訂の基本方針として四点が示された。

・基礎的・基本的な知識・技能の定着やこれらを活用する学習活動は、各教科で行うこととし、教科等の枠を超えた横断的・総合的な学習、探究的な活動となるよう充実を図る。
・「総合的な学習の時間」の趣旨等について、総則から取り出し新たに章立てをすることで、教育課程上の位置づけを明確にする。
・各教科においては、基礎的・基本的な知識・技能の確実な習得とその活用を図るための時間を確保し、「総合的な学習の時間」と各教科、選択教科、特別活動のそれぞれの役割を明確にする。これらの円滑な連携を図るため、「総合的な学習の時間」のねらいや育てたい力を明確にする。
・学校段階間の重複した取り組みを改善するため、子どもたちの発達段階

を考慮し、各学校段階の例示を見直す。
　今回の学習指導要領において学力の三要素が明確に規定された。①習得、②活用、③学習習慣・学習意欲の確立、である。このうち①②の学力は教科において重視される学力とされ、「総合的な学習の時間」では、問題解決的・探究的学習を行うことにより、各教科で獲得された知識・技能を定着させることが目指されていることが見てとれる。
　また「総合的な学習の時間」の目標を見てみると、学び方を学ぶこと、他者と協同する力を育てること、自己の生き方を考えることが育てたい力になっている。それはたとえば2012（平成23）年に中央教育審議会「キャリア教育・職業教育特別部会」において答申された「基礎的・汎用的能力」と重なっている。「基礎的・汎用的能力」は、①人間関係形成・社会形成能力、②自己理解・自己管理能力、③課題対応能力、④キャリアプランニング能力、から成り立っている。

(2) 学校知の常識からの脱却
　学びとは何かを考える際に、学校知の常識にとらわれないように、いくつかの注意が必要である。
　第一に、子どもたちの学びは、必ずしも基礎基本の習得の上に、活用や探究が行われるという順序でとらえることはできないということである。教科における学びと並行して「総合的な学習の時間」が置かれたことは、探究力の育成が逆に基礎基本の習得に結びつく可能性もあることを認めたものと考えるべきであろう。その意味で、各教科と「総合的な学習の時間」の役割をはっきりと分けてしまうことに対しては慎重でなければならない。ドリル的学習によって基礎基本を身につけたうえでないと探究は可能にならないという順序性を重視した考え方は必ずしも正しくない。
　佐藤学は困難な課題に向き合う協同的学びにおいて恩恵を与えられるのは、むしろ低学力の子どもたちだという。低学力の子どもたちは、基礎基本の習

得の段階でつまずいてしまう。それが困難な課題に挑戦する協同的な学びのなかで、むしろ「あそこで習ったことは、こういうことだったのか」と基礎基本を理解することがあるのだという。応用的・発展的な学びのなかで基礎基本が理解されるのである。「総合的な学習の時間」や特別活動における学びが基礎基本の学びを支えることもあり得る。それは、応用的・発展的学びにおいては、教材の切迫感やリアリティがあって、教材に向き合う際に生まれる実感が、「わかること」へと導いてくれることがあるからである。そう考えると、いわゆる高学力の子どもたちの学びそのものが、逆に意味への活動の道筋を失った空虚な学びになっていないかということも考えてみる必要があるだろう。

　第二に、上記の点（第一の点）から導かれることだが、学びを考える際に、パウロ・フレイレ（P. Freire 1921-1997）の言う「銀行型教育」観からの転換を求められているということである。学びは、銀行預金のように知識をため込んでいくことではない。学びに求められているのは、他者や事象と「ともに」ある存在として、自ら主体的に事象や他者とかかわっていく「課題提起型教育」なのである。これからの社会においては、ますます創造的思考力、コミュニケーション力、情報選択能力といった主体的な学びが求められ、生涯にわたって学び続ける主体の形成が求められることになるだろう。

　「銀行型教育」からの転換を図ることで、はじめて「教えることとしての教育」から「学ぶこととしての教育」へと移行することが可能になる。学校を学びの広場、あるいは学びの共同体とするためには、「銀行型教育」からの脱却が必要なのである。そしてまたその移行によって、できる子とできない子の差異が消し去られることにもなるだろう。

　現実社会においては、学びは状況のなかに埋め込まれている。レイヴ（J. Lave）とウェンガー（E. Wenger）が提唱した「正統的周辺参加論」は、学びが、学校で組織されている学習とはまったく異なった成立の仕方をしうることを示している。学校における学習が脱文脈化されているのに対して、徒弟

制度の下での学びは、すべてが状況に埋め込まれており、人称化されている。学び手は、教えられるのではなく、全体的な仕事を前に、周辺的な仕事から始めて次第に中心的な仕事へと移行していく過程をとおして学んでいくのである。こうした学びの在り方から示唆を得ながら学習は転換していく必要があるだろう。

(3) 関係を紡ぐこととしての「対話としての学び」

従来、学習は、抽象的で論理的な思考ができるようになることを求めてきた。分析的に考えること、できるだけ客観的に突き放して考えることができるようになること、一般化し分類できるようになること、を目指してきたのである。ピアジェ（J. Piaget 1896-1980）の認識論的発達過程のとらえ方はその典型である。またピアジェの発達過程に即して道徳性の発達を考えたのがコールバーグ（L. Kohlberg 1927-1987）である。

だが、これまでの学習が抽象的で論理的な思考を重視するあまりに、生活から遊離し実感のないものになってしまったということが忘れられてはならない。それは学習における身体性の喪失ととらえることもできるだろう。2008（平成20）年学習指導要領において、体験活動が重視されている一つの理由も、学びに実感を取り戻すことによって学びへの意欲、さらには生きることへの意欲を育てたいという狙いがあると考えることができる。

抽象的で論理的な思考を指向する学びにおいては欠けてしまう、日常生活との「つながり」、教師や友だちとの「つながり」を育てることが、これからの学びでは求められる。「切り離された知」ではなく「つながりあう知」が必要なのである。そのためには、まずは日常生活が問いかけてくるものや友達の考えに耳を傾けること、つまり聴く力を育てることが求められるだろう。自律ではなく協働、相互依存の立場にたった学びが求められるということである。子どもたちは、聴きあう集団のなかで学校を居場所と感じ、安心して学びの場に参加できるようにもなっていく。

「つながりあう知」にとって体験活動のもつ意味は大きい。その際、体験活動の意義とは、ただ何らかの具体的体験をし、それをまとめて発表するといったことではない。対象に働きかけ、働きかけられるという相互性のなかで、また他者と聞き合うことを通して、学びが実感を取り戻し、意味をもった学びになっていくことが大切なのである。そしてこうした学びをとおして、子どもたちは、この世界を生きていることの確かな存在感や居場所感を獲得するのである。

ノディングズ（N. Noddings）のケアリング論は、こうした学びにおける「つながり合う知」の重要性を指摘している。ノディングズは競争を中心とする男性原理で構成されてきた学校教育を批判し、心を砕いて世話をするケアリングの概念を用いて教育を再構築すべきだと考える。またギリガン（C. Gilligan）が、正義の倫理の観点から道徳性の発達を捉えたコールバーグに対して、ケアの倫理の発達を提起したことも、関係のなかで学びを考えることの大切さを訴えたものである。学びを「ケア」の視点から捉えなおしてみることは、21世紀の学びを考える際に重要な示唆を与えてくれる。

参考・引用文献
秋田喜代美『子どもをはぐくむ授業づくり』岩波書店、2000年。
佐藤学『教育方法学』岩波書店、1996年。
ショーン（柳沢昌一、三輪建二訳）『省察的実践とは何か―プロフェショナルの行為と思考』鳳書房、2007年。
ノディングズ（佐藤学監訳）『学校におけるケアの挑戦―もう一つの教育を求めて』ゆみる出版、2007年。
ライチェン、サルガニク（立田慶裕監訳）『キー・コンピテンシー』明石書店、2006年。

第7章　教育実践における教師の存在

1　対話する存在としての教師

(1) 教師に求められる主体性と教職の危機

　コメニウスは、教授の技術を教刷術という造語で表現したが、それは子どもを「白紙（タブラ・ラサ）」としてとらえ、教師が知識を子どもに刷り込むことで、できるだけ多くの知識をできるだけ早く子どもに教授しようとするものであった。だが、ペスタロッチー（J.H. Pestalozzi 1746-1827）が明らかにしたように、子どもとは決して「白紙（タブラ・ラサ）」としてとらえられるような受動的な存在ではなく、自然や他者とかかわりながら成長し続ける認識主体なのである。ペスタロッチにとっては、「生活が陶冶する」のであり、学びにとって、自然や他者に働きかける作業がとても重要な意味をもっている。子どもは、生まれつき能動的で主体的な存在なのであり、生活経験のなかで直観を概念へと育んでいくことで近代的主体へと成長していく。

　子どもを「白紙（タブラ・ラサ）」として捉えるとき、教師の役割もそれほど重要ではないことになる。教えるべきカリキュラムははじめに決まっているのであって、教師の役割はそのカリキュラムを子どもたちに注入することにすぎない。だが、子どもを能動的な認識主体と考えるとき、教師の役割もまた大きなものになる。そこでは教師は、教育実践をデザインする主体なのであり、カリキュラムを自らの身に引き受け子どもの前に立たなければならない教育の主体なのである。

　上記に述べたように、教師の主体性は教育実践という視点に立つ限り尊重すべきことになるのだが、さらには今日の教育の危機が、教職の在り方への

関心を高めている。教師の専門性の高度化が求められる状況があるにも関わらず、現実には、①教師の権威は失墜し、子どもや保護者が教師を尊敬しなくなり、いわゆる「モンスターペアレント」という言葉が生まれるような、教育をする側とされる側との対立構造が生まれていること、②子どもたちに「学びからの逃走」と呼ばれるような事態が生じ、学習意欲の低下や学習習慣の未確立が大きな問題になっていること、そしてその背景として、③学校教育が市場原理のもとに置かれるようになり、教師への統制が強化されると同時に、その機能が十分に果たされていないと教師を悪者にすることが日常化していること、そうした状況下で、④教師はますます多様な仕事を押しつけられ忙しさのなかで自らを見失ってきていること、そしてその結果として、⑤教師自身のバーンアウトの問題が生じてきていること、といった問題が山積している状態なのである。

(2) 専門職としての教師の専門性

佐藤学によれば、教師の仕事の専門性のとらえ方については二つの立場がある。一つは、他の専門職と同様に、専門性の基礎を専門領域の科学的な知識と技術におき、教師の専門的力量を教科内容の専門的知識と教育学や心理学についての原理や技術で規定するとらえ方である。もう一つは、教職を複雑な文脈で複合的な問題の解決を遂行する文化的・社会的実践の領域として設定し、教師の専門的力量を教育の問題状況に主体的に関与して子どもと生きた関係を取り結び、省察と熟考によって問題を表象し解決策を選択し判断する実践的な見識に求めるとらえ方である。

前者の立場からすると教師は「技術的熟達者」であり、後者の立場からすると教師は「反省的実践家」だということになる。

師範学校における教員養成が大学教育に移行した際にイメージされていたのは、前者の技術的熟達者としての教師である。いっぽう後者の立場では、教師の専門的力量は、科学的原理や知識、技術だけで測ることはできないこ

ととなる。そこでは、具体的な実践状況のなかで、多義的で矛盾をはらみながら複雑に生起する実践の意味の豊かさ、学びの豊かさ、そして子どもの豊かさをとらえながら、次の実践をデザインしていくことが教師の力量である。

教師の専門性を巡る二つの立場は、教員養成や教員研修をどう実施していくかとも深くかかわっている。

前者の立場からすると、大学における専門的知識に関する講義が教師の専門性を支えることになるだろう。また教員採用後の研修も実践の場からは切り離された講座により最新の理論や知識を学ぶことが重要な意味をもつことになるだろう。

いっぽう、後者の立場からすると、やはり教師の専門性を鍛える場は第一義的に実践の場であるということになる。したがって具体的状況の中で問題をとらえる「事例研究」や、問題解決や次の実践への仮説生成を意識して行う「アクションリサーチ」が求められることになる。また、教員採用後の研修としても、現場とは切り離されない仕方で、各学校で具体的な授業を取り上げながら研究を進めていくことが必要とされるだろう。そこでは、客観的な授業分析のみではなく、具体的な状況における教師の語りに重点を置いた研究が大切にされなければならない。

教師の実際の仕事を考えてみると、その仕事は決して単純なPDCAサイクルの実行にはとどまらない。子どもが学びの対象に出会うその場に立ち会って、まさにその場の子どもたちの学びの在り方をとらえながら、次の実践を考えていくのが教師の仕事である。だからこそ、具体的な場でどのような判断をし、どのようなかかわりを持っていくかといった微細なタクトが教師の専門性の根幹をなすのであり、だからこそ教師はつねに自らの実践を問い続ける「反省的実践家」であることを求められるのである。

こうした教師の専門性は、ベテラン教師が具体的な文脈のなかで即興的であるが熟慮された思考をしていることからも理解できるだろう。実践的思考様式として、①即興的思考、②状況的思考、③多元的思考、④文脈化された

思考、⑤枠組みを再構成する思考　を挙げる研究もある。教師の専門性は、学問の理論や知識を現実場面に適用する技術にあるのではなく、不確実で複合的で曖昧な状況で展開される実践の場をつねに省察し、次の展開をデザインする思考にあるのである。だからこそ、今日しばしば言われる、教師における世代間の伝承力の低下は、教師の専門性からして一層深刻な意味をもっている。

(3) 教職に内在する困難と教師文化

　教職に内在する困難は二つの視点から考えることができる。一つは多忙化であり、一つは曖昧さである。

　教師の多忙化が問題となっている。外から見ていたのでは気づかない仕事をたくさん抱えているのが現在の教師なのである。教師の仕事は授業及び教材研究、部活動の指導や生徒指導だけには限らない。少し挙げてみても、不登校児童生徒の家庭訪問、学級事務、校務分掌にかかわる事務処理、職員会議をはじめとする様々な会議や打ち合わせ等々である。あるいは保護者やPTA関係の仕事もある。土日を部活動の指導に費やす中学校の教師も多い。さらに仕事は学校内に限られない。研究会や会議で出張をしなければならないことも多い。教師はこのようにして勤務時間を超過して様々な仕事をこなしているのである。

　また、時間的に忙しいというだけではなく、教師が多様な仕事をこなしているということに注目すべきである。しかもその中には県や市町村などの教育委員会あての文書作成などの事務的な仕事を含んでいる。こうした仕事は教師にテキパキと仕事を処理することを強いる。そしてこうした多様な仕事をこなすことのできる教師がいわゆる「有能な教師」なのである。良心的な教師ほど、官僚的で煩雑な仕事に忙殺され、自らの仕事の意味と価値、そして自らの仕事の公共性を見失うということにもなりかねない。

　もう一つの困難が教師の仕事の曖昧さである。教師の仕事は、何をどこま

でやったら終わりということはない（無境界性）。さらに、その成果も見えにくく、またある側面から評価できることがほかの側面からは批判されたりすることも多い。こうした意味で、教師という仕事は、その意味について不安を持ちやすい仕事でもある。しかもこのような曖昧な状況のなかで、教師は常に待ったなしの判断を求められるのである。

　また教職の忙しさや曖昧さは、独特の教師文化を生む。つねに不安な状況におかれた教師は権威に頼りたくなるからである。そこで不安定さに耐えられず、教育委員会の指導や学習指導要領を絶対視することになってしまったり、教師自らのものの見方を相対化することを忌避するようになってしまったりする。こうして教師は権威主義的な存在となっていく。また地域の教師に対する過剰な期待を内在化させて苦しくなってしまうということもあるだろう。近くのスーパーには買い物に行けないといった教師の話もしばしば耳にすることである。こうして教師は、権威に迎合し、自己存在の確かさを保証するために「見える価値」にしがみつくようになる。

　子どもたちは、このような教師の存在に不信感をもつだろう。今日教師にとって大切なことは、等身大の自分を取り戻し、反省的実践家としての専門性を育んでいくことである。またこれは一教師の課題ではないかもしれないが、忙しい仕事を整理して追い込まれないようにすることも重要であろう。教師にとって、ときにはゆったりとした時間を過ごすことも必要なことである。

2　教育方法における「見える」ことの大切さ

(1)「子どもに学ぶ存在」としての教師

　学校は、子どもたちの学びを支えることを目標とした組織であり、意図的な教育組織である。だが意図的なカリキュラムとして明確に位置づけられたものとは別に、無意図的に子どもたちに伝えられる教育内容がある。「隠れ

たカリキュラム」と呼ばれるものである。「隠れたカリキュラム」には、教師が個人レベルで無意図的に伝達してしまっている価値観や態度のほか、学級レベルのものや学校風土レベルのものなどがあるが、いずれにしても子どもたちにとって「隠れたカリキュラム」の影響は大きい。したがって、できるかぎり教師は「隠れたカリキュラム」を意識化することを求められる。

　また、教師は授業のなかで子どもの発言をとらえる際に、子どもがいったいどのような意味で、その発言をしたのかという発言の意味をとらえることを求められる。教師の想定の範囲を超えた発言こそ大切にしなければ、授業は教師の意図を読み取るゲームになってしまい、権威者としての教師の意図に子どもたちを従属させるだけになってしまう。それでは子どもたちの主体性を育むことなどできないだろう。だが、子どもの発言の意味をとらえるには、自らの見方を相対化する力が求められるのである。「無知の知」を大切にし、子どもへの畏怖をもつことが必要なのである。

　授業に関してではないが、以下に示す灰谷健次郎のエッセイには、自らの見方を相対化して、相手の世界に寄り添うことの大切さが示されている。授業においても、やはり子どもの見方に添うことができないかぎり、深い学びに導くことはできないように思われる。その意味で、教師は子どもに学ぶ存在である。

　　　麻里ちゃんは障害児と呼ばれる。筋肉マヒが進行して、その表情すら読みとれない。笑っていても怒っていても、ぼくにはかいもくわからないのだった。
　　　一緒に絵をかく。いっしょに工作をする。クレパスが満足ににぎれない。ハサミが使えない。
　　　すいぶん、いらいらするだろうなあと、ぼくは思う。
　　　道を歩く。
　　　激しい踊りを踊っているように歩かなくてはならない。数百メートル歩くのにずいぶん時間がかかる。

はがゆいだろうなあと、ぼくたちは思う。だから、心ない人間が
「あんな子、生きとって何の楽しみがあるんやろな」
といっても、その言葉をひどい言葉だと思いながら、その差別性を衝くことができない。

ぼくは、かの女とほんの数か月、それも、ごくわずかな時間をいっしょに過ごしただけである。それでも、ぼくは緊張を強いられる。激しい労働を営まされる。

しかし、そのことは、かの女の受けている苦しみを、ほんの少し、ぼくが分けてもらって歩んでいるということを意味しないか。

すると、少しずつ、かの女の生活が見えてくる。

たとえば、朝、養護学校にいく為に、スクールバスが迎えにくる場所まで歩く数百メートルの道のりを見るだけでいい。

かの女はたくさんの生き物を友達にしていることを知るだろう。

仕出し屋の猫に、朝のあいさつをする。残飯を食べ過ぎて体が酸性になった猫は機嫌が悪い。そんなとき、かの女は笹の葉を猫にやるということを知っている。

かの女は一休みする。

やはり木の葉に止まって一休みしているハチが、体内の余分な水分を口から出すのを見ることがある。

その小さな水玉は朝日を浴びて、このうえなく美しい。

かの女はそれを、ハチのシャボン玉吹きといっている。

マツバボタンにも、朝のあいさつをする。

「おやようさん」

といって、一本のオシベに触れる。すると、触れていない他のオシベまで、かの女の方に傾いてあいさつをする。そういう習性をかの女は知っている。

言語障害をともなっているかの女の「おはようさん」は、もちろん他の人には「おはようさん」とはきこえない。

しかし、ぼくはこの朝のあいさつの中に、生命の充実を感じる。言葉にならない言葉の中の優しさがこめられていることを知る。

たった数百メートル歩くあいだに、ずいぶんたくさんの生命を見つけ、そして、それと交歓している。

そういう子どもに、ぼくたちは
「あんな子、生きとって何の楽しみがあるんや」
という言葉をなげつけることによって、自ら非人間となったのだ。
　スピードというものをとりこんだぼくたちは、かわりに失ったものがいくつもある。
　「あんな子、生きとって……」という言葉はそっくりそのまま、かの女からぼくたちに向かって投げ返されている言葉なのだ。

(2) 学びを支える教師の見え
　教育方法の「方法」とは、技術であろうか、それとも芸術であろうか。授業を技術的実践とみれば「方法」は技術であり、反省的実践とみれば芸術だということになるだろう。授業が反省的実践であるならば、教育方法を一般化することはできないし、教師はつねに具体的な状況のなかで見る力を求められる。
　したがって教師には「見える」ことが求められるのである。斉藤喜博は「算数のできない子どもがいたり、合唱のできない子どもがいたり、授業が平板になってしまったりしたとき、それをどうしたら突破できるか、さまざまに考え工夫し、実現することによって、一つずつ私の方法を蓄積してきたのである。そういう仕事のなかで、そのときどきに咄嗟にそのときの方法をつくり出す力もつくってきたのである。それはまったく迂遠なやり方でもあった」と言っている。教師は、どこかにある方法をもってきて授業を行うのではなく、自らの実践のなかで一つ一つ「私」の方法と言えるものを限定的だが具体的に作り出していくのである。そのためには、「迂遠なやり方」が必要であり、一つの事象を様々に見る柔らかさを求められる。
　教師にとって多様に見る力を育てることが大切である。多様に見ることは、たくさんのものを見ることとは異なる。一つのものを丁寧に、そして多様な目で見ることで一つのものが豊かに見えてくるのである。そのことを芸術家の目で見ると言ってもいいかもしれない。アイズナー（E.W. Eisner）が教育

的事象をとらえるのに「教育的鑑識」や「教育的批評」によって数量化しえないものを記述評価しようとしたのも、教育的事象がもともと豊かで多様に見ることを求めるものだったからである。

　それでは教育的事象が見えるようになるためには、どうしたらいいのだろうか。「見える」ことには、見ようとする人間の人生が詰め込まれているから、事態は複雑である。豊かな人生を生きることによって「見える」ことも豊かになる。つまり見えることは教養があるということなのである。斉藤喜博は次のように言っている。「見えるということは、教師の人間の豊かさとか、人間性の豊かさとか、教師としてのあらゆる教養とかがあってはじめてできることである」。

　また具体的な授業を参観し、そこで記録を取ることも大切である。記録をとることで見ることを鍛えることができる。また、豊かに見ることが多様に見ることから生まれるとするならば、一つの授業を対象にしたカンファレンスも大切な意味をもつだろう。カンファレンスにおいて多様に授業をとらえている他者の見方に学ぶことが自らのうちに多様に見ることを育ててくれるからである。

(3)「見える」ことを引き出す「問う」こと

　ソクラテス（紀元前469-399）は、学びを、知識や技能を獲得することではなく、対話を通して学び手が自らの偏見（ドクサ）を吟味することだととらえた。「無知の知」とは、つねに自らの知識を問い続けることを意味する。ソクラテスによれば学びとは問い続けることであり、思考の態度や探求の方法を身につけること、つまり学び続ける主体を形成することである。学ぶということは、問うことであり、問うことをとおして学び続けることなのである。

　それでは問うとはどういうことだろうか。まったくわからないことは問えないが、完全に理解していることも問えない。問いは自明なことと自明でな

第7章　教育実践における教師の存在

いこととの境界で生まれる。したがって問うことによって日常生活の自明性が相対化される。この意味で問うことは安定した地盤から身を引き離すことであり、生きられた世界を変化させることである。

また生きられた世界を変化させるということは学ぶことであるから、問うことは学ぶことだということになる。答えが見つかったときに学んだのではなく、問うたときに学びが生まれているのである。

教師が問うことを考えてみよう。教師が子どもたちに問うとき、一般的には教師は答えがわかっていることを問うだろう。このとき教師は実際には問うていない。なぜなら教師の世界に変化はないからである。いっぽう、子どもたちが、教師が満足するであろう答えを教師の問いのなかに探しあてて答えたとしよう。そこでは、子どもは、自ら問いをたてて答えを考えだそうとするのではなく、既存の知識を駆使して教師を満足させる答えを当てようとしている。このとき、子どももまた自ら問うているとは言えない。このように授業という場においては、見た目は発問を中心に展開していたとしても、本当に問いが生まれているとは限らないのである。

教師が答えを知って問うのは仕方ないとしても、授業が教師を満足させようとする子どもたちの「よい子」合戦にならないように授業を展開することが大切である。問うことが学ぶことだとするならば、問うことのない授業は学ぶことのない授業だからである。授業では子どもの「よい子」性を壊すことが求められるのである。そのためには、たとえば、どうしても既存の枠組みを予想させ表面的な正解を探すことになりやすい「はい、いいえ」の問いや「なぜ」の問いよりも、具体的な事柄に深く入っていくことを可能にする「なに」の問いを大切にすることも必要である。

また、教師が授業の場で問い続けることも必要であろう。教材解釈は授業前に完成しているのではない。授業のうちにおいても、ときに子どもたちの言葉に触発され、授業前の教材解釈が問いなおされ、新たな方向へと授業が進んでいくような授業がいい授業である。

あるいは初めに子どもによって問いが提示され、その問いを教師と子どもたちとみんなで問い続けていくといった授業もあるだろう。そのとき、子どもも教師もともに問い続ける存在である。

3 拓かれた教師であるために

(1) 子どもと緊張関係にある教師

子どもの興味関心を追いかけるような授業には限界はある。興味関心を追いかけるような授業において子どもたちは楽しく学ぶかもしれないが、それは真の追求の喜びとは異なる表層的な楽しみである。

教師は、子どもたちを、彼ら一人一人ではたどり着けない世界へと導くことを求められる。そもそも教師が教えることを許されるのは、教師が子どもたちの見えていない世界を知っていて、そこに導くことが大切な意味を持っているということを知っているからだろう。武田常夫は言っている。「子どもの興味とか関心とかいうものは、教師が授業を通してはぐくむものであり、子どもの次元にあわせるものではない」。教師は子どもを異なる世界に導く責任を負っているのである。

もちろん、だからといって教師が教え込む存在であっていいということにはならない。武田はこの点について次のように言っている。「教育とは、子どもが自らの力で思考し、決断し、行動する状況を教師が意図的に配置するいとなみでもある。そうした緊張のなかで子どもははじめてみずからの思考と感情を解放し、自立した精神の形成にみずからの歩みを運ばせていくのである」。

(2) 同僚性構築の重要性

教師は、一人ひとりが教育の専門家として、教育実践をめぐって対話し、ときに議論をしながら学校づくりや教育実践の展望を共有していかなければ

ならない。そして、教師は、授業を創造し合い、教育実践の専門家として成長し合う教師同士の連帯を学校のなかに育んでいかなければならない。それが「同僚性」の構築である。

　学校教育の成功にとって同僚性の構築が大きな要因になる。学校における教育実践をよくするためには、教師が個々に教育実践の創造に努力するだけでは不十分なのである。同僚性構築において大切なのは、その構築が①教師文化の個人主義的な傾向を打ち崩すだけではなく、逆に②教師文化の集団主義的な傾向へも挑戦するものだということである。したがって同僚性の構築は、一人ひとりを孤立させない方法であると同時に、教師がただ気の合う仲間や教科や分掌のなかに閉じこもっていかない関係を作り出すことである。佐藤学は、この同僚性の構築のために、校内研修を中核に据える。日常的にカリキュラムと授業の創造を目指して校内研修を行うことにより、教師の連帯を作り出そうとするのである。

(3) 協同学習と教師の語り
　従来、学校における一般的な授業のスタイルは一斉授業であった。それは近代学校の制度化と並行して成立してきた。一斉授業は、ベル（A. Bell 1753-1832）とランカスター（J. Lancaster 1778-1838）のモニトリアル・システムを経て、ヘルバルト、そしてチラー（T. Ziller 1817-1882）、ライン（W. Rein 1847-1929）によって完成した。そして、この授業スタイルは、一学級に40名以上の子どもたちが存在するような状況下で知識を学ばせるには非常に効率的で適した方法であった。

　だが、知識基盤社会が到来し、創造力、問題解決能力やコミュニケーション能力など新しい学力が求められるようになってくると、一斉授業の効果が問われるようになってくる。そして今日において先進国の多くでは、黒板と教卓を中心にして、子どもたちがそれぞれ前を向いて教師の説明や発問を受け、そして板書を写すという一斉授業は、古くさい授業スタイルになりつつ

ある。

　いっぽうで協同学習が広がってきている。協同学習においては、全体学習にしてもグループ学習にしても、子どもたちの協同やコミュニケーションを中心に授業が展開する。たとえば、佐藤学らがすすめ、また多くの先進諸国に広がってきている授業スタイルは以下の特徴をもっている。小学校低学年ではコの字型に机を並べ全体学習を行ったり、隣の子どもとペアを組んで学習を行う。それ以上の学年（中学校や高等学校含む）においては、男女混合の４人グループでの協同学習を中心に授業を行うのである。

　それでは一斉授業はすべて駄目なのだろうか。一斉授業が教え込みになりやすいことは事実であろう。だが、たとえば林竹二の授業は、一見すると教師が一方的に話をして、発問も一問一答式になっているように見えるが、子どもたちは自ら問いをたて、そして深く学んでいる。一斉授業＝教え込みという考え方は必ずしも正しくない。教師の語りが子どもたちの内面に問いを生起させ、その語りが本質的で力のある問いを内在化させているがゆえに、子どもたちは子どもたちだけで、あるいは子ども一人で問うよりも、より深い問いへと導かれるといった授業の可能性があるだろう。

参考・引用文献
　斉藤喜博『教育学のすすめ』筑摩書房、1969年。
　武田常夫『真の授業者をめざして』国土社、1990年。
　灰谷健次郎『私の出会った子どもたち』角川新書、1998年。
　林竹二『授業・人間について』国土社、1973年。
　吉田章宏『教育の方法』放送大学教育振興会、1991年。

第8章　児童生徒理解と学習集団

1　子どもたちの孤立と関係の稀薄化

(1) 学びから逃走する子どもたち

　今日における教育問題の一つとして「学びからの逃走」がある。子どもたちは学ぶことに対する意欲や自信を失い、そして学ぶ意味を見いだせなくなってきている。学習時間に関しても、日本の子どもたちの学習時間は諸外国の子どもたちに比べて少なくなっている。

　この「学びからの逃走」が生じる理由として、競争の行き詰まりがある。経済成長の停滞した社会では、いくら頑張っても成功するとは限らない。さらには、社会における格差が広がれば広がるほど、ごく一部の成功者とその他の多くの成功できなかった者に分かれざるを得ないのである。こうしたことを肌で感じている子どもたちが「どうせ頑張っても駄目だよな。それなら今をまったりと生きたほうがいいや」と考えたとしても不思議はないだろう。成長の止まった社会は、退廃的な気分を醸成し、今が楽しければいいやという生き方を生み出すことになるだろうし、いっぽう必要以上に競争的な気分を生み出し、自分さえ勝てればいいやといった個人主義的な生き方を支持することになるだろう。

　文部科学省は、「キャリア教育」によって、こうした状況を打破しようとしている。キャリア教育には、子どもたちへの「生き方、在り方」指導をとおして、積極的に世界に出ていき、活躍する人材を育てたいという願いが込められている。そして、「なぜ学ぶのかを学ぶ」ということを課題にして学習意欲を育てることを目指す。中央教育審議会は、キャリア教育で育てるべ

き能力として、具体的に、①人間関係形成・社会形成能力、②自己理解・自己管理能力、③課題対応能力、④キャリアプランニング能力を挙げ、これらをまとめて「基礎的・汎用的能力」と名づけている。

　学びからの逃走を示す一つの例を挙げよう。ある中学3年生の女子は、リストカットが止められない。彼女は学年一の成績で、部活や生徒会などでも活躍する優秀な生徒なのだが、人生に対する無意味感を抱えてしまっている。彼女の訴えることは、勉強する意味がわからないということ、そして人を信じることができないということである。彼女は、リストカットをしている時だけ、生きている実感が得られて落ち着くのだという。高い学力を持ち充実した学校生活を送っているはずの彼女が、学校生活によってまったく生の充実を感じることができないでいるということは、学びに対する大きな問いかけとしてとらえることができるであろう。彼女がリストカットをせずにはいられないのは、世界や他者とつながっていないからであり、世界や他者とつながることで生きる実感を得るということが学校という場において可能ではないからである。

　「学びからの逃走」は、子どもたちの、世界や他者との関係の稀薄化、及び彼らの存在の孤立と深くかかわっていることが理解できる。そして、世界や他者から切り離された子どもたちが、学ぶ意欲を失うことは当然のことのようにも思われる。したがって、「学びからの逃走」への対応としては、学力の向上や学習習慣の確立を目指すだけでは不十分で、学校に学びの関係を作り出していく工夫が求められることになる。学校教育に、失われた「つながり」を取り戻すことが求められているのである。

(2) 規範意識が低下している子どもたち

　子どもたちの「規範意識の低下」が問題となっている。教育基本法が、平成18年に改正された理由の一つとして、子どもたちの「規範意識の低下」、あるいは社会全体の「規範意識の低下」があった。

第8章　児童生徒理解と学習集団

　すでに「学びからの逃走」に関して述べてきたように、「規範意識の低下」の背景としても、子どもたちが世界や他者とつながらずに孤立していることがある。他者や世界とつながっていない子どもたちにとって、規範意識をもてないことは当然であるともいえる。子どもたちが他者や世界に関心を持てなくなり、「むかつく」、「うざい」、「きもい」、「意味わからない」、「関係ない」などと言って他者を「排除」すること、あるいは他者を他者として受け止められずに「風景化」してしまうことは、他者を信じることができない自分を守るための彼らなりの自己防衛なのである。
　したがって規範意識を育むためには、厳しいしつけをするだけでは限界がある。「学びからの逃走」への対応と同様に、他者や世界との「つながり」を取り戻すことが必要となる。
　いじめを例にして考えてみよう。現代型のいじめの一つとしてグループ内いじめがある。従来型のいじめと異なり、グループのなかの子どもをいじめの対象にし、しかもしばしばいじめの対象がグループ内で変わっていく。グループ内いじめの増加からわかることは、①子どもたちの人間関係が小さい範囲に閉じ込められ外に広がっていかず、グループ外の子どもたちが風景化されてしまっていて、いじめの対象になる人間関係が限定的になってきていること、②グループの人間関係が同調的であり、排除対象を作ることによってその同調性を守っていること、といったことである。グループ内いじめが生じることも、子どもたちの関係が稀薄化していることと深くかかわっているのである。したがって、グループ内いじめを生徒指導によって解決することは、問題の根本的解決にならない。グループ内いじめは、学級集団等の学校における子どもたちの人間関係の在り方と深くかかわっているのであって、したがってグループ内いじめを解決するためには、子どもたちの孤立及び他者との「つながり」の喪失への対応を求められるのである。

(3) 自己形成の危機と学び合う共同体の確立

　子どもたちに生じている「学びからの逃走」や「規範意識の低下」の根底に、他者や世界とのつながりの喪失と存在の孤立がある。「学びからの逃走」も「規範意識の低下」も、その根底を探れば同じ問題から生じてきているのであり、したがって、個別の対応では問題を解決することはできない。学校空間が、ゆったりとした自己形成を可能にする「つながり」をつくりだす場となることが求められている。そうでないと、他者や世界を信じることのできない子どもたちは、ますます学びから逃走し、他者を無化して、個の世界に閉じこもっていくことになるだろう。

　こうした問題に対しては、学び合う共同体という視点を持つことが必要である。具体的には、個をばらばらに切り離すことなく、しかも個を集団のなかに閉じ込めるのでもない集団づくり、集団活動の可能性を探るということになるだろう。個性と共同性の両立を可能にする共同体が目指されなければならない。子どもたちの問題行動を生徒指導等の外在的な手段によって抑えこむのではなく、学習集団の力（学びの共同体）によって解決していくのである。

　学習集団の基礎単位として学級がある。したがってどのように学級編成を行うか、そして教師がどのような学級経営を行うかが、子どもたちを孤立から守り、自己形成を促進させることにとって重要な意味をもっている。

2　子どもたちの自尊感情の取り戻しと学級経営

(1) 異質性が出会う場としての学級

　学級の第一の主人公、授業の第一の主人公は子どもたちである。したがって教師の発問に対して、子どもたちが教師の思いを推測して答えを出すことで展開していくような「よい子ちゃん（の活躍する）授業」は否定されなければならない。「よい子ちゃん授業」の多くは、授業のわかっている一部の

子どもたちの発言によって進行していく。そこでは沈黙しているがわかっていない子どもたちは置いてきぼりにされてしまう。

　学級は、すべての子どもたちにとって、自らの思考を語る場でなければならない。そのために教室では間違うことが評価されるべきである。間違いの追求をとおして、授業は豊かになり、子どもたちは育つのである。授業が分からない子どもたちの疑問やつまずきが大切にされなければならない。疑問やつまずきが学級集団の中で丁寧に聴きとられ、共有されることが大切である。したがって、子どもたち相互に、また子どもたちと教師が互いに聴き合うことが求められる。学級とは聴き合う集団なのである。そしてその発想を生かした学習のスタイルのひとつが協同学習である。そこでは子どもたちの多様性に応じて学びが進展する。

　協同学習は、ヴィゴツキー（L.S. Vygotsky 1896-1934）の「発達の最近接領域」の考え方に即して考えるとその効果が理解できる。ヴィゴツキーは、まず子どもの精神発達を他者とのコミュニケーションの内化だと考える。そして「一人で到達できる段階（現下の発達水準）」と「他者の援助によって到達できる段階（明日の発達水準）」の間のゾーンを「発達の最近接領域」と名づけ、教育は「発達の最近接領域」に合わせて行うべきだと考える。つまり、他の子どもたちや教師との出会いと対話によって子どもたちの学びは深まっていくのである。その意味で、常に協同学習は他者との出会いによって育まれる互恵的な性格を有している。

　もちろん、一人ひとり異なる存在である子どもたちが出会うときには、さまざまな相違が衝突し、そこには分かり合えなさや食い違い、誤解や葛藤、時には相手を排除したい気持ちなどが生まれてくる。学びは、必ずこうした負の感情を生みだすのであるが、学び合いのなかではそうした負の感情が大切にされなければならない。また、異質さとの出会いという意味では、学びのなかにある矛盾やわからなさ、そして目を背けたくなるような現実を大切にしていかなければならない。

他者との出会いが、分かり合えなさ、そしてそこから生じる負の感情を引きずっていること、また世界との出会いが、たとえばいのちに関する学びのなかで死と向き合うことが求められるように、厳しい経験でもあることを、忘れてはならないように思う。学校は、他者や世界との出会いの中で生じてくるこうした負の感情と向き合うことを可能にする柔軟な場であるべきである。ともに生きていく力を育むためには、学びの場は異質なものが出会う場でなければならない。

(2) 出会いを可能にする学級経営
　学級という場が、上記に述べたような学び合いの場になるためには、①教師と子どもたちの間に心の通い合った良好な人間関係が形成されていること、②一人ひとりの子どもたちが、そして教師もまた学級の主人公であって、自由に表現をし、それが受け入れられる風土が成立していること、③集団生活のルールが成立し、秩序が維持されていること、が求められる。子どもたちが、みな安心して学び、生活できるような受容的風土を作り出す学級経営が学び合いを可能にするのである。
　異質性との出会いを可能にする風土を教室の中に作り出すために、教師の存在は大きな意味をもっている。子どもたちは教師の言葉だけを聞いているのではない。たとえば教師がいじめはいけないと言葉で繰り返し語ろうとも、その教師が一部の子どもを排除していれば、子どもたちはその教師に学び、その子どもをいじめるということが生じる。したがって教師は子どもたちの前にモデルとして存在しているのだということが忘れられてはならない。またお互いに話を聴き合う学級を作ろうと思えば、まずは教師が子どもたちの話を丁寧に聴くことが必要である。
　学級を異質性の出会う場にするためには、管理的関わりが過度にならないように注意する必要がある。管理的関わりとは、教師及び教師集団が、子どもたちに対して、望ましい行動や態度を一方的に決定し、教師の権威や罰な

どの力を用いて、それを守らせようとするような関わりである。

　そのような学級においては、子どもたちは自分らしく存在することを否定され、よい子であることを求められるが、そこでは子どもたちの学級への居場所感は奪われ、異質性の出会う場としての学級は失われてしまう。管理的な場においては、子どもたちの孤立はさらに進み、学級はバラバラの子どもたちの集まりになってしまう。その結果、はじめはうまく統制されているように見える管理された学級は、いずれ子どもたちの力が教師の管理を凌いでしまうことになり、荒れてしまうことにもなりかねない。

　学級を管理によって閉ざすのではなく、開いていくことが求められる。そのためには、第一に教師の同僚性を構築していくことが求められる。教師が授業を公開し、教師同士が互いに学び合う関係が育っている学校に管理が支配する隙間はない。

　学校のなかにミドルリーダーを育てるという発想も必要だろう。学校のなかに学び合いを育てていくためには、学校のなかに共同性を育てていくシステムが必要である。教師集団は、一部の管理職を除くと横並びの集団であり、目標に向かって進んでいくことの難しい集団だが、ミドルリーダーの働きにより、横並びの集団のよさを生かしながら、同僚性を構築していくことが可能になるように思われる。

　さらには、保護者との連携を育てていくことも大切である。今日多くの学校では、どうしても教師と保護者が相互不信に陥り、敵対関係になってしまっている。教育のサービス業化とともに、保護者は教育の消費者になってしまい、消費者意識によって教師に不信を募らせているというのが現状であろう。教師は、「ともに」子どもたちを育む存在として保護者を位置づけていかなければならない。保護者と教師が、子どもたちの教育を「ともに」考え、彼らの成長を「ともに」支援していくという関係を作り出していくことが必要である。

　そのためには、学級を開き、保護者が学校の活動に能動的に参加できるよ

うな働きかけをしていくことが求められるであろう。教師は、学びを、子どもたち、同僚、保護者や地域の人々とともにつくり、共有しあい、そして学びの基地となるように学校をデザインしていくのである。

(3) 学びのデザイナーとしての教職

　教師の仕事を、教えること、伝えることだと考えることは不十分であろう。教師が教えることは子どもたちが学ぶことをもって初めて意味をもった行為となる。したがって教師の仕事は子どもたちの学びを組織し、発達をできるかぎり支援することである。したがって教室が異質性の出会う場となるように、学びの環境を整えることが教師の仕事である。その意味で、教師は学びのデザイナーなのである。

　だが、教師がデザイナーであることは、授業は教師の存在によって、さまざまに展開する可能性をもっているということを意味するだろう。子どもたちだけではなく教師もまた学びの主人公なのである。

　子どもたちの実態や教材の本質を踏まえながらも、教師は自ら授業の展開を構想する。斎藤喜博は次のように言う。「授業展開の方法は、一つの方法があるだけではなく、教師とか子どもとか、教材とかによって、さまざまな方法が生まれてくるものである。しかし、それは、無法則に勝手にあるのではなく、いつでも教師が教材を検討し、その中にある方向性を考え、また、それを自分の願いとか、子どもの実態とかとつなげながら、さまざまに考え、さまざまな方法を創り出さなければならないものである。」

　したがって、ときに教師は子どもたちに語り、子どもたちの思考に直接働きかける方法も有効であろう。教師もまた、異質性を示す教材そのものととらえることもできる。林竹二は、全国の小学校や高等学校を授業して回った。その授業は、一見すると、大学の授業のようで、ただ一方的に語っているようであり、その発問も一問一答式であったが、子どもたちの思考に揺さぶりをかけ、豊かな学びを生じさせるものであった。その学びは、学力の高低を

超え、すべての子どもたちに深い学びをもたらす。その学びの深さは、授業後の作文や、あるいは授業を受けている際の表情そのものに示されている。

教師が授業のデザイナーであるためには、教師が自身の深い教材解釈をもち、子どもたちに伝えたい内容をもつことが必要である。教師は自らの存在をかけた言葉を語れるひとでなければならない。

3　多面的に子どもを理解する方法

(1) 子どもの存在の多面性とその理解

子どもは多面的な存在である。状況に応じて様々な姿を見せるのが子どもなのである。

ある少年の例を挙げよう。他校の生徒としばしば暴力事件を起こし、また教師にも暴力をふるう少年だった。それでも彼は学校には休まずやってきて、相談室を訪れることもよくあった。他の子どもたちと一緒に相談室を訪れる場合、彼は自分がその場所で一番強いのだということを誇示しようとする。スクールカウンセラーに対しても「てめえ」呼ばわりをし、自分がその場のナンバーワンなのだということを仲間たちに認めさせようとする。だが、時にひとりで相談室を訪れるときがある。そうした場合には、彼はいつもとはまったく違う姿を見せるのである。もちろん、自らの沽券にかかわるので、「お前はセンスの悪い服をきているなあ」とか理由をつけながらだが、スクールカウンセラーの隣にすわり、べたべたと触ったりするのである。

子どもとは、この一例からもわかるように、時に意外な側面を見せてくれる存在であり、「乱暴な子どもだ」といったように決めつけて関わることは避けなければならない。そのために、できるだけ多面的に子どもを理解する方法を工夫する必要が出てくるのである。

子どもを理解するためには、①できる限り様々な視点から理解しようとすること、②ひとつの事象に対しても様々な理解の可能性を探ること、が求め

られる。

　①に関しては、担任の目だけではなく、養護教諭や生徒指導主事、管理職、スクールカウンセラー、ときには栄養教諭などから見える子どもの姿を総合することにより理解することが大切であろう。子どもは場によって異なる姿を見せることが多いので、保護者の情報は子ども理解にとって特に重要であるし、場合によっては、児童相談所や医療機関など関係機関から情報を得ることが必要な場合もある。また、過去の情報も大切である。中学に在籍する子どもを理解するために小学校やそれ以前の様子を尋ねたりすることが助けになることも多い。そうした情報をまとめてカルテを作るといったことも考えられるだろう。

　だが、このように情報を集めれば集めるほど、その子どもを先入観で見てしまう危険があることを忘れてはならない。

　②は事象の解釈にかかわる事柄である。この点に関しては、教師はとくに注意を払う必要がある。教師は、どうしても学校的価値観にそって子どもを枠にはめて見る傾向があり、その結果、レッテルづけをしてしまったり、ステレオタイプな理解の仕方になってしまったりする危険性があるからである。とくに授業のなかでの子どもの様々な表現をどのように理解するのかということは、教師の仕事の中心が授業である限り、もっとも重要だということになるだろう。できる子、できない子などという決めつけから自由になり、子どもたちの学びや表現の意味を丁寧に、そして先入観にとらわれずに、とらえる力が求められるだろう。普段の子どもの姿に惑わされずに、その授業における子どもの表現を的確にとらえることが必要である。

(2) 子どもを理解するための方法

　子ども理解の方法としては以下のような方法が考えられる。

1　授業、教育実践のなかで出会う（観察）

　教師にとって教育実践のすべてが子どもとの出会いの場であり、子ども理

解の場である。したがって授業をデザインし、行い、振り返るといった一連の実践のなかでつねに潜在的・顕在的に子どもを理解し続けているのが教師である。顕在的な理解の方法としては、継続的な行動観察を行い、それを記録に残して分析する「行動観察法」や具体的なエピソードを取り上げて分析する「エピソード分析」などが考えられる。

　教師が教卓から離れて生徒の机を回って学習活動の様子を確認し、個別の指導を行う「机間指導」や一人ひとりの子どもの「カルテ」を作成すること、また教室内の机の配置にしたがって白紙の一覧表をつくり、一人ひとりの学習の姿についての教師のコメントを書き込んでいく「座席表」なども子ども理解の方法として用いることができる。

　また授業後に書いてもらうワークシート、作文や日記、さらには作品から子どもたちを理解することもできる。そもそも評価は子ども理解及び実践の改善のためにあると考えると、あらゆる評価は子ども理解の方法だと考えることもできる。

2　子どもからの申告をききとる

　子どもとの面接や、質問紙によって情報を集めることも子ども理解に有効である。ただし、子どもは教師に本心を伝えるとは限らないので、注意が必要である。また子どもの意識の表層をききとっているのに過ぎないということを忘れてはならない。子どもとの日記の交換なども、この方法に含まれる。

3　調査法を用いて子どもを理解する

　子どもたちの関係をとらえ、反発・牽引といったインフォーマルな結合排斥関係や構造の測定・解析を行う「ソシオメトリー」や学力検査、知能検査、適性・性格検査などがある。家庭環境調査票や指導要録も子ども理解に有用であろう。その他、調査法とはいえないが、前担任や保護者、さらには養護教諭、ときには児童相談所・福祉事務所・医療機関・警察等からの聞き取り資料が子ども理解に用いられる。

(3) 子どもたち相互の理解

　学び合いにとって、子どもたち相互が理解しあうということが求められる。相互が理解しあうとは、ただほかの子どもの性格、趣味や好きなものを知っているという一般的な理解に限らない。むしろ授業等において、表現された友達の発言を丁寧に聴き取り、その意味を理解しようとするとき、そこに子どもたち相互の理解が生まれるのであって、こうした小さな理解の積み重ねが重要である。

　そして、互いの思考を聴き合う授業が成立したとき、子どもたちにとって学校が本当の意味で居場所となる。さまざまな目新しい実践によって特色ある学校づくりを求められる現代であるが、大切なことは上記のような聴き合うことの成り立つ学びの場を学校のなかに成立させ、学級さらには学校が安心できる場所となり、卒業した子どもたちに対しても母校としてつねにその子を支え続けることのできるようになることであろう。

　その場合、授業の場で子どもたちが他者との関係をどのように築いているのかということが重要である。授業の形態としては協同学習の効果が高いということになるが、ただ協同学習の形態をとっているということではなく、グループのメンバーの表現を本当に受けとめ、異質性を含んだその子の思考を聴き取ることができているのか、が追求されなければならない。このような子どもたち相互の理解ができたとき、学習は、子どもたちを孤立させ過度の競争的状況におく「勉強」から、自己を表現し受容してもらえる、開かれた「学び」へと変わっていく。

　協同学習は、一斉授業が、子どもたち同士が聴き合うこと、理解し合うことにとって十分ではないことを補う学習形態だと言える。

　一斉授業を補完する学習の仕方としては、ほかにティーム・ティーチングがある。ティーム・ティーチングは、学級のなかに多様な子どもたちが存在する状況で、子どもたちの要求や能力に応じた指導を行うための方法である。

　また、理解や習熟の程度に応じた指導を実施するための方法として習熟度

別指導がある。習熟度を取り入れることにより子どもたちの基礎学力の向上を図ろうとするものである。とくに、算数、数学や英語などのように能力差の出やすい教科において、少人数指導とセットになって導入されることが多い。

ただし、学びが個別化・個性化することになりやすいティーム・ティーチングや習熟度別指導の導入に関しては慎重であるべきであり、また習熟度別指導の効果については、否定的な見解もあることを忘れてはならないだろう。学びの過程のなかで、学級が、子どもたち相互の理解が深まっていくような場になっていくことが大切なのである。

学び合いが成立しやすいグループとして、男女混合の4人グループにするといった方法もある。また小規模校では、複数の学年が一緒に学ぶ複式学級といった学級編成の仕方もある。学び合いという視点からは、必ずしも複式学級は小規模校の必要悪ではなく、学びを深める可能性をもった授業の形態だと考えることもできる。

また学級は、授業のための集団であるとともに生活集団でもあり、学級のなかで子どもの社会性は育まれ、個性が伸ばされるのだと考えることができる。さらには、学級を超えて異質な出会いを生む異年齢集団も学習にとって重要な意味をもっている。

参考・引用文献

ミヒャエル・エンデ（大島かおり訳）『モモ』岩波書店、1976年。
国立教育政策所『キャリア教育のススメ』東京書籍、2010年。
柴田義松『ヴィゴツキー入門』子どもの未来社、2006年。
土井隆義『キャラ化する／される子どもたち―排除型社会における新たな人間像』
　　岩波ブックレット、2009年。
鷲田清一『「聴く」ことの力―臨床哲学試論』阪急コミュニケーションズ、1999年。

第 9 章 学習指導の基礎的理解

1 子どもの学力・学習状況について

(1) 近年の状況

　近年、国際的な調査も含め、学力調査等の結果をもとに子どもたちの学力や学習意欲の低下が懸念され、学力向上に向けた取り組みが進められてきた。1990年代の終わり以降盛んに展開された「学力低下」の議論は、大学生の「学力低下」の問題を発端としたものであった。分数や小数の計算など、小学校段階で習得されている事項に関する出題に正答できない大学生が少なくないという結果が報告され反響を呼んだ。またそうした背景として、大学進学以前の学校教育段階における学力の定着の状況に目が向けられ、子どもたちの学力の状況や教育課程のあり方が議論された。

　1998年改訂の学習指導要領は、知・徳・体のバランスのとれた「生きる力」を育むことを目指した教育課程であった。しかし完全週5日制への対応から全体の授業時数が削減されるとともに、自ら学び自ら考える力の育成を重視して総合的な学習の時間が新設された一方で、各教科の授業時間数が減少したことも受け、子どもたちの学力の低下への懸念が一層高まっていった。これに対して文部科学省は、2002年に確かな学力の向上のための2002アピール「学びのすすめ」を示し、確かな学力を育成するという観点から学習指導要領の主旨を改めて示すとともに、個に応じた指導の充実や個の能力の伸長を図る取り組みを進める学力向上アクションプランを実施し、学力向上のための対応を実施してきた。

　2008年に改訂された学習指導要領においては、学力の3要素（①基礎的・

基本的な知識・技能、②思考力・判断力・表現力等、③主体的に学習に取り組む態度）が明示された。全体的な授業時数、なかでも各教科の授業時数や教育内容が増加しており、授業において基礎的な知識・技能の習得と、それらを活用する際に必要な思考力・判断力・表現力等の育成をともに図ることが目指されている。またそれらを支える学習意欲の向上も重要な課題であり、小学校からの学習習慣の確立や、きめ細かい指導を通して基礎的な理解の定着を図ること、学ぶことの意義を認識できるような学習の工夫が求められている。

(2) 子どもたちの学力における課題

①学力調査等にみる子どもの学力上の課題

子どもたちの学力の状況については、国内外の学力調査等から検討されてきた。国際的な調査としては、経済協力開発機構（OECD）によるPISA調査や、国際教育到達度評価学会（IEA）によるTIMSS調査があげられる。国内調査としては、国立教育政策研究所が教育課程実施状況調査をおこなってきた。平成19年以降は、国語および算数・数学（平成24年度より理科が加わった）について、知識・技能の定着とそれらを活用する力の両面を測る全国学力・学習状況調査が実施されるようになっている。

近年、国際的な学力調査として特に注目されてきたのが、PISA調査（Programme for International Student Assessment）である。この調査は、義務教育修了段階にある15歳児を対象として、2000年から3年ごとのサイクルで実施されてきた。既存のカリキュラムの習得状況の測定ではなく、各国の子どもたちが将来生活していく上で必要とされる知識や技能が、義務教育修了段階において、どの程度身に付いているかを測定することを目的とした学習到達度調査である。

例えば、PISA調査の調査分野の1つである「読解力」とは、「自らの目標を達成し、自らの知識と可能性を発達させ、効果的に社会に参加するために、書かれたテキストを理解し、利用し、熟考する能力」と定義されている。

これを測る調査問題に関して言えば、説明文や物語文などの「連続型テキスト」だけでなく、図やグラフなども含めた「非連続型テキスト」が取り上げられ、実際の生活や社会の中で目にするような多様なテキストが対象となっている。また「読解のプロセス」に関しては、テキストの中の情報の場所を指摘する「情報の取り出し」や、テキストをもとに解釈や推論をする「解釈」、テキストを自分の経験や知識等と関係づけて熟考・評価する「熟考・評価」の3つの側面から構成されている。こうした定義や出題の内容からも、知識や技能を蓄積することよりも、それを社会生活において活用することに重点が置かれていることがうかがえる。

PISA調査における日本の結果の概要は、表9-1のようなものである。

表からわかるように、とくに2003年、2006年調査における日本の成績の順

表9-1 PISA調査における日本の結果の概要

		2000年調査	2003年調査	2006年調査	2009年調査
読解力	日本の得点 (全参加国中の順位)	522 (8位/32)	498 (14位/41)	498 (15位/57)	520 (8位/65)
	OECD平均得点	500	494	492	493
	全参加国中の 順位の範囲	3～10位	12～22位	11～21位	5～9位
数学的リテラシー	日本の得点 (全参加国中の順位)	557 (1位/32)	534 (6位/41)	523 (10位/57)	529 (9位/65)
	OECD平均得点	500	500	498	496
	全参加国中の 順位の範囲	1～3位	3～10位	6～13位	8～12位
科学的リテラシー	日本の得点 (全参加国中の順位)	550 (2位/32)	548 (2位/41)	531 (6位/57)	539 (5位/65)
	OECD平均得点	500	500	500	501
	全参加国中の 順位の範囲	1～2位	1～3位	3～9位	4～6位

(国立教育政策研究所編 (2010)『生きるための知識と技能4 OECD生徒の学習到達度調査 (PISA) 2009年調査国際結果報告書』明石書店をもとに作成)

位が後退している。また得点自体もOECD平均得点との差が縮まり、「読解力」の調査では平均得点とほぼ同程度の得点となっていることがうかがえる。こうした結果を受けて、日本の子どもたちの学力水準の低下が問題視されてきた。2009年の調査結果は、それに比べると改善しており、学力に回復の傾向が見られるととらえられている。しかし近年の取り組みの成果をどのように評価するかを含めて、今後も継続的に調査の結果を見ていくとともに、各回の得点や順位のみに振り回されずに、子どもたちの学力や学習意識のあり方を検討していくことが求められるだろう。

また得点や順位などの側面もさることながら、日本の子どもたちの学力の質に関わる課題が指摘されている。それは基本的知識・技能の習得については一定の成果が認められる一方で、思考力・判断力・表現力等を問う読解力や記述式の問題に課題があるという点である。

既に述べたように、PISA調査は、将来生活していく上で必要とされる知識や技能がどの程度身に付いているかを測定することを目的としたものである。出題内容も現実の社会生活に関わる状況を対象としたものが多く見られ、蓄積された知識をそのままアウトプットするのではなく、それらをもとに的確に状況をとらえ、思考・判断し、また適切な解答として表現する力が求められる。PISA調査における日本の成績の不振、とりわけ思考力・判断力・表現力が問われる出題や記述式の問題などの正答率が低いことや、無答率が高いことなどから、習得した知識や技能を活用する力を育成することが課題となっている。

②学習意欲の低下

学力の水準やその質の問題に加えて、学習意欲の低下や学習することの意味がわからないという子どもたちの学習意識も課題としてあげられる。学校外での学習時間が他国に比べても少ないことや、勉強嫌いが増え、子どもたちが勉強しなくなってきている状況を、佐藤学（2001）は「『学び』からの逃走」と呼び、「学力低下」よりもむしろ深刻な問題としてとらえている。

文部科学省（2006）によれば、PISA調査における学習意識調査でも、「数学の授業が楽しみである」や「数学で学ぶ内容に興味がある」など学習への興味・関心や、「将来の仕事の可能性を広げてくれるから、数学は学びがいがある」「自分にとって数学が重要な科目なのは、これから勉強したいことに必須だからである」など勉強への動機づけについての意識は、OECD平均と比べて非常に低い。また、数学への自信や不安という面では、自信のある子どもが少なく、得点の高い低いに関係なく不安が高いという結果が出ている。また藤沢市教育文化センターが1965年以降、5年おきに市内の中学校3年生に実施している学習意識調査によれば、「勉強の意欲」に関して、「もっと勉強をしたい」という生徒の割合は著しく低下してきた（1965年：65.1％、2010年：24.6％）。また、「勉強についていく自信」に関しても、同様に低下してきていると言え、「十分ある」と解答している生徒の割合は、20.3％（2010年）である。1998年改訂の学習指導要領では教育内容を削減し、学習する内容についてはどの子も理解できるようにすることで、学ぶ意欲を高めていくことが期待されていたが、こうした調査結果からは必ずしもそうした期待通りに機能していないことがうかがえる。

　このような状況を見ると、学習意欲の低下については、学校の授業のあり方の問題としてのみとらえるべきではなく、より広く学校を取り巻く社会の変化によって学校で学ぶことの価値が相対的に低下してきたことが背景にあるととらえた方がよいだろう。社会における情報化の進展や子どもたちの生活圏や情報との関わりが拡大し、学校外でも新しい情報を得る方法が多様に存在することなどが考えられる。また学校でよい成績をとり、よい進学先・よい就職先を得ることが将来の安定につながるという認識が、以前ほど確かなものではなくなってきたことや、少子化等による受験競争の状況の変化に伴い、将来のために勉強するという動機づけが働きにくい状況もある。

　しかし、こうした現在の状況について奈須正裕（2005）は、将来への投資としての学びの時代が終わり、「上手にいい点数を取ることに焦点化された

形式的な学びへの意欲から、子どもの求めとの関係や学習内容それ自体のおもしろさに支えられた実質的な学びへの意欲へと、その質を転換することが重要」だと述べ、現在を学習意欲の質の転換を図る時期として前向きにとらえている。今日の子どもたちは学ぶことの実質的な意味を求めているのであり、そうした今こそ、これまでの学力観や学習観を問い直すとともに、学校で学ぶことの意味を感じられるような学習の場をいかに創り出していくかが課題となるだろう。

2 授業における子どもの学びと授業づくり

(1) 授業における子どもの学び

　学ぶことの意味が感じられる授業づくりが課題となると述べたが、授業における子どもの学びをどのようにとらえればよいのだろうか。佐藤（1996）は、学びを対話的実践ととらえ、第1に学習の対象との対話、第2に自己との対話、第3に他者とのコミュニケーションという対話の過程としてとらえている。学ぶということは、対象や他者と対話し、つながることであり、それを通して自己内対話をおこない、自己を再構築していく営みであると言える。そこには、従来の学習観、つまり固定的な知識を個々人の頭の中に蓄積するといった意味での学習のとらえ方に対する見直しがある。学習観の転換において、レイヴとウエンガーの「正統的周辺参加論」は重要な意味を持っている。彼らは、徒弟制の共同体における学習を調査し、学習が個人主義的にではなく、共同体における社会的実践への参加として進められること、周辺的な参加から十全的な参加への過程として学習が発展することを示した。

　学習を対象・他者と対話し、自己を問い直していく過程としてとらえるとき、子どもたちがそれらとの関わりで新たな問いを持つことや、自分とは異なる見方に出会うことが重要な意味を持つと言える。学習指導においては、わかるようになることやわかりやすさの側面に目が向けられがちだが、上田

薫 (1993) は、真の理解の発展のあり方を「わからないことからわからないことへ」進むととらえ、学習の過程で出会う疑問や矛盾、わからなさにこそ発展の契機があると述べている。

地域に1軒だけ残る和紙づくりを教材としたある社会科の授業を例に述べてみよう。周囲の人が紙すきをやめるなか、その1軒が続けることができた理由を考えていく過程で、実は数年間、和紙づくりによる収入がなかった期間のあることがわかった。「古くから和紙づくりをやめずに続けてきた」という子どもたちの認識に対して、この数年間は言わば矛盾する事態である。子どもたちはこの数年間に疑問を持ち共に追究することで、時代の変化や機械化の進展の中での手すき和紙の厳しさや、それを乗り越える作り手の工夫や思いなどをより深く理解していくことになった。

この事例のように、子どもの認識における問いや矛盾は、諸事実を関連づけたり、相互の考えをつなげたりしながらそれまでの理解を深化させていく上で重要な役割を果たすと言える。対象への問いや他者との見方の違いを含め、異質な他者や考え方との出会いという即面を大事にした授業づくりが重要である。

(2) 子ども、教師、教材の相互関係として成り立つ授業の場

授業という場は、その最も中心となる三者、すなわち教師、子ども、教材の相互関係によって成り立つものとしてしばしば説明される。授業は、子どもが学習対象となる教材と関わり学ぶ場（①子ども－教材）であるが、その実践のためには、教師自身が十分に教材研究をし、授業を構想することが不可欠である（②教師-教材）。また実際の授業の過程は、教師と子どもとのコミュニケーション（③子ども－教師）を中心として進行する。

したがって、授業が子どもにとってよりよい学びの場となるためには、この三者の関係を充実させることが重要である。例えば、①子ども-教材の関係について言えば、子どもの意欲・関心を引き出す教材や、自分につなげて

考えられる身近な教材であることなどがあげられる。②教師―教材については、十分にその教材の理解を図り、子どもたちに伝えるべき内容を吟味すること、また教師自身がその教材の魅力や価値を十分感じていることも重要である。③子ども―教師について言えば、子どもたちの学びを促進するような発問の仕方や、子どもたちの発言をよく聞き、受け止めることなど、授業の中での教師と子どもとのコミュニケーションの充実が挙げられる。またそれは全体への言葉かけのみならず、個々の子どもの学習の様子を把握し、支援していくことなども関わっている。

(3) 授業構想における主要な観点

　授業の構想にあたって必要となる要素は多様に考えられるが、ここでは主要な点として、①目標、②教材、③学習過程、④学習形態、⑤学習評価について簡潔に述べていきたい。
①目標

　授業を構想するにあたって、まずは目標の設定が不可欠である。1単位時間の授業の目標設定のためには、単元全体を通しての目標が把握される必要がある。またそれは、学習指導要領等に示されるその教科の全体目標に、さらに言えば教科・領域ごとの区分を超えた上位の教育目標に位置づけられるものである。

　一方で、授業者は日々の学校生活における具体的な子どもの姿から、「自分自身で考える力を身に付けてもらいたい」、「互いの考えを尊重し、ともに学ぶ力を育てたい」など、担当する学級あるいは個々の子どもへの願いを持っている。そうした授業者の願いが、授業の目標の設定や構想にも関わってくると言える。授業における目標とは、このように多層性をもって成り立っている。

②教材

　次に、目標への到達のために用いる教材の選択と教材研究が挙げられる。

教材とは、教科書や関連する資料、プリントやワークシート等のように教育的意図をもとに構成された題材があげられる。また植物や地形などの実物や、輪郭をもった「もの」に限らず地域の伝統行事や文化、人物等が教材となる場合や、子どもたち自身の経験が検討の題材となることもある。目標に従ってどのような内容を取り上げるべきか、そのためにどのような教材が有効かを検討し、選択することが求められる。その際、自分に引き寄せてとらえられるような教材、意外な事実に気づかせる教材など、子どもにとって学ぶ意欲を喚起するような教材であることが重要である。

③学習過程

　授業の目標に即した主たる教材が選択されたら、その教材を用いて授業をどう展開するか、どのように教材と出会わせ、理解を深めていくかという学習過程を構想する。授業は、教師の側からの一方向的な説明のみではなく、教師による問いかけと子どもたちによるその追究という双方向のコミュニケーションによって構想される。その際に中心的な役割を果たすのが教師の発問と言えるだろう。教師の発問は、教材に切り込んでいく視点を提示する役割をもつものであるから、授業展開の構想はその授業における主要な発問を検討することであるとも言える。

　発問を検討する際には、本時の目標や内容に合っているかという点はもとより、子どもたちの理解の状況に即しているかという面からも検討されなくてはならない。本時までの子どもたちの学習過程や理解の状況を踏まえたり、子どもの経験等を把握することが必要な場合もある。答えられる子どもが限定され、学習意欲を減退させることのないよう、子どもの理解に沿った段階的な発問を設定することが重要である。

　また教師の発問によって授業を展開する方法のみでなく、体験的な活動を取り入れた学習、子どもたちによる調べ活動、学級全体での話し合いやグループで協同的に課題を解決する学習方法など、授業の目標・内容に即した効果的な学習過程を取り入れることが重要である。

④学習形態

　学習形態は、③の学習過程の検討と深く関わるものだが、ここでは区分して示すこととした。学習形態の種類としては、一斉学習、グループ学習、個別学習等があるが、１時間の授業は必ずしも１つの学習形態で進められるものではなく、学習の内容に応じて効果的に組み合わせながら実施することも重要である。

　例えば、授業の導入部は［一斉学習］の形式で、学級全体に対して本時のねらいの確認や、課題について理解する。続いて［個別学習］により各自で課題を解いた上で、少人数の［グループ学習］で各自の解き方を確認し合う。その後、再び［一斉学習］の態勢に戻り、全体の場で解き方の発表・確認を行い、学習内容のまとめを行う。最後に［個別学習］として個々の振り返りを記述するとともに、数名の子どもが［一斉学習］の場で振り返りの発表をおこなう。こうした展開では、多様な学習形態が組み合わされて進められる。

　近年、学級を基本単位とした学習形態でなく、少人数学習や習熟度別学習など柔軟な学習形態の工夫がおこなわれてきた。学級内の個々の理解の進度に差があることから、少人数や習熟度別の学習形態にすることによって、個に応じた指導の充実を図り、学力・学習意欲の向上を図ろうとするものである。

　しかし一方で、子どもたちの他者関係のあり方が課題となっていることや、社会がグローバル化し、多様な情報・他者との関係が重要性を増していることから考えてみても、個々に異なる子どもたちが一緒に学ぶことの意味が生きる学習、相互の関わりの中で個が尊重されるような学習のあり方は重要であると言える。近年、協同的な学びの実践も進められてきている（佐藤2006、和井田・柴田2012）。異なる子ども同士が学び合うことで、わからなかった点がわかるようになったり、逆にわかると思っていた子どもが自分の理解の不十分さに気づいたりすることもあるだろう。相互の関わり合いを通して、異なる見方や考え方に触れ、理解を深めていく場が実現するよう学習過程を構

想することも重要である。
⑤学習評価

　学習評価の方法については、次章でも述べることとするが、目標の実現を目指して授業を構想・実践するにあたり、目標への到達をどのように評価するかは非常に重要な問題である。学習の結果としての評価だけでなく、学習の過程をどのように評価するか、また教師からの評価のみでなく、自己評価や相互評価を取り入れるなど、主体的な学習を促すための評価のあり方が課題となる。

参考・引用文献
　上田薫『上田薫著作集1　知られざる教育』黎明書房、1993年。
　国立教育政策研究所編『生きるための知識と技能4　OECD生徒の学習到達度調査（PISA）2009年調査国際結果報告書』明石書店、2001年。
　国立教育政策研究所編『PISA2009年調査の枠組み―OECD生徒の学習到達度調査』明石書店、2010年。
　佐伯胖・佐藤学・藤田英典『学びへの誘い』東京大学出版会、1996年。
　佐藤学『学力を問い直す』岩波ブックレット、2001年。
　佐藤学『学校の挑戦―学びの共同体を創る』小学館、2006年。
　ジーン・レイヴ、エティエンヌ・ウェンガー、佐伯胖訳『状況に埋め込まれた学習？正統的周辺参加』産業図書、1993年。
　中央教育審議会答申「中央教育審議会「幼稚園、小学校、中学校、高等学校及び特別支援学校の学習指導要領等の改善について」2008年。
　奈須正裕「勉強への意欲をどう育てるか」『児童心理』59（8）金子書房、2005年。
　藤沢市教育文化センター『第10回「学習意識調査」報告書―藤沢市立中学校3年生の学習意識―』2011年。
　文部科学省『読解力向上に関する指導資料』2005年。
　和井田節子・柴田好章編著『協同の学びをつくる』三恵社、2012年。

第10章　学習指導の過程と教育評価

1　学習指導の実際と授業計画

(1) 子どもの反応・理解状況の把握にもとづく学習指導

　前章では、授業を構想する際に必要な主な観点や配慮事項について述べてきた。それらの観点を踏まえ、子どもの実態に即して作成した授業計画であっても、実践の過程では必ずしも計画通りに進むとは限らない。授業者は、子どもたちの反応や学習活動の様子、発言やノート等から子どもの関心や理解の状況を把握し、それに即して授業を進行することが求められる。

　小学校の社会科において、地域の商店を取り上げ、仕事に携わっている人の工夫について学習する授業を例にして述べてみよう。表10-1の左欄「お店の工夫の分類（教師）」は、子どもに気づかせたいお店の工夫の観点を①～⑤の5点に整理したものである。右欄「お店の工夫に関連する気づきの例（子ども）」は、実際の授業における子どものノートの記述（商店の見学後の子どものノート）をその観点に沿って示したものである。子どもの気づきは教師の分類にぴったり合うものばかりではないので、関連があると思われるものを挙げているが、いずれにも分類が困難なものもあり、分けて示している。子どもの気づきを全て分類カテゴリに無理に当てはめる必要はなく、子どもの思考に沿って把握することが重要である。

　この表から、第1に子どもの気づきは、教師の観点通りにバランスよく出されるのではない。実際に見たり聞いたりしたことや買い手の立場から把握できる点については、数多く挙げられる一方で、③商品の安全・品質管理などのように、商品それ自体からは把握することが困難だったり、お店の人の

表 10-1　お店の工夫に関する観点ごとの子どもの気づきの整理

お店の工夫の分類(教師)	お店の工夫に関連する気づきの例（子ども）
①お客さんに合わせた商品の提供	・食品を中心に売っている。 ・家のものがなんでも売っている。 ・おかしやりんご、バナナがよく売れる。 ・<u>お年寄りのためにバナナとかが売れる。</u>
②買い物しやすい配置・並べ方	・ぐるぐる回れて買いやすい。 ・置く場所を決めてある。来やすく見やすくしてある。 ・<u>お年寄りが取りやすくなっている。</u> ・すぐ買えるように、入ったら近くに商品を置いてある。 ・値段表がつけてあるからわかりやすい。
③商品の安全・品質管理	
④お客さんへの対応・サービス	・みんなに手伝ってあげている。 ・買ってくれた人に親切にしてあげる。 ・<u>お年寄りが来るのが多いから、気をつかってあげている。</u>
⑤利用しやすいお店づくり	・音楽が流れている。 ・音楽を流して、みんなを呼んでいる感じがする。 ・営業時間が長い。
	（①〜⑤には分類が困難なもの） ・4人で働いている。 ・店長さんの部屋がある。

仕事に関わりの深い項目については着目されていないことがうかがえる。第2に、下線部のように「お年寄り」という言葉が複数の項目で出てきており、項目ごとの気づきをつなぐ視点が出てきていることも興味深い。ここで取り上げられている商店は地域の小規模なお店であり、自動車等で遠くへ買い物に行くことの困難なお年寄りにとって大切な場所として機能しているであろうことや、お店の人は提供する商品やその並べ方、対応の仕方など様々な面でお年寄りへの心遣いをしていることが子どものノートから浮かび上がってくる。このように子どもの気づきから、教材の特質について授業者が再発見することも重要である。

授業者は、授業の目標と照らしながら子どもの気づきの内実を把握し、その後の授業の展開に生かしていくことが必要である。子どもたちが関心や疑問を持っている点については、それを生かして学習を深めていくとよい。他方、重要な側面ながら気づきが不十分な場合については、教師が問いかけたり、教材や資料を提示したりして学習を補っていくことが必要である。

　例えば、本事例において「買ってくれた人に親切にしてあげる」「気をつかってあげている」といった子どもの気づきはやや具体性に欠け、「親切にする」、「気をつかう」とは一体どのようなことかを改めて考えることで、学習の深まりが期待される。その後の授業での子どもの発言として、「お年寄りの袋の中に、店員さんが入れてあげる」「お客さんと話をして、楽しませてくれる」「お客さんが仕事が大変で家から出られないときに、お客さんに届けてあげている」「忙しかったりするわけを聞いてあげたりする」等が挙げられる。「気をつかう」と表現されていたものが、具体的かつ広がりをもつものとしてとらえ直され、またそこにこの地域における商店のあり方（教材の本質）がよく表れていると言えるだろう。

(2) 授業におけるずれのもつ意味─教師と子どもの主体性

　一般に、教師の授業計画と実際の授業における子どもの反応との間にずれが生じた場合、目標や計画に照らしての失敗ととらえられる傾向がある。しかし、上田薫（1993）はずれを実践における必然ととらえると同時に、行為者の主体性と関わらせてその積極的な意味を見出している。つまり、子どもが自分の立場から主体的に追究するからこそ教師とのずれが生じる、ずれには学習に対する子どもの主体性があらわれているということである。授業計画通りに進めることに固執し、教師の枠組みから外れた発言が十分に認めてもらえない場合、積極的に授業に参加しようとする子どもの意欲は次第に弱まるであろう。では逆に、教師が子どもの発言や関心にまかせて授業を進めていれば、子どもの主体性は生かされるだろうか。授業を通してどのような

認識を子どもたちに育てたいかという主体性を教師が持たなければ、自身の計画とのずれとして立ち表れる子どもの追究の方向性や、それがどのような価値を持つかを把握することはできない。つまり子どもの主体性が生きる授業づくりのためには、教師の主体性も不可欠であると言えよう。先の事例に関しても、教師の観点と照らし合わせることで、子どもの気づきの特徴や着眼点の面白さを把握することができるのである。そのような前提に立ち、十分に検討して授業計画を立てるとともに、実践の過程においてはそれに固執せず、場合によっては計画を変更することも含めて、子どもの気づきや思考を生かす柔軟な姿勢が授業者には求められると言えよう。

2　教育評価の意義と種類

(1) 教育評価の意義

　教育評価とは、教育の成果がどのように実現したのかを把握し、それをもとに学習・指導の改善を図ることをねらいとする。学習者にとっては、自分の理解の不十分な点など自分自身の学習の理解状況を把握し、学習に役立てることが可能となる。教師にとっては、学習者がどのくらい理解できているか、どこでつまずいているかなど、目標の実現状況を把握し、次の指導に役立てることができる。評価というと、試験や通知表など学習の結果としての点数や成績というイメージが強く持たれるかもしれないが、本来は学習や指導の改善のための教育的営みである。

　「教育評価 (evaluation)」という概念は、タイラー (Tyler, R.W.) によって提唱されたものである。1910年頃よりアメリカでは、評価者の主観性を排した客観的な評価のため、ソーンダイク (Thorndike, E.L.) らを中心として客観テストによる測定が推進されていた。こうした状況の中で、タイラーの「教育評価」の概念は、「測定」を中心とした評価観から教育的な評価観への転換を求めるものであった。タイラーによる教育評価研究の成果は、「タイ

ラー原理」として定式化されており、カリキュラム、授業、評価を一貫したものとしてとらえることの重要性を示している（田中、2008）。

(2) 教育評価の種類と近年の教育評価論
①教育評価の種類

教育評価の種類は、評価の基準をどこに置くかによって、①相対評価、②目標に準拠した評価（到達度評価）、③個人内評価に分類できる。

相対評価とは、集団の成績を基準とし、それに対する優劣を示す評価の方法である。次に挙げる「目標に準拠した評価」に対して、「集団に準拠した評価」とも呼ばれる。この評価では、集団の中での各学習者の成績がどの程度に位置するかを示すことができる。しかし他者との比較で評価が示されるため、他者がよくできていれば自分の成績はよくならず、競争としての学習観が生み出される可能性がある。また教師にとっても、集団内の個々の位置づけは把握できても、学習内容がどの程度理解できているかという学力の実態を把握することができず、指導や授業改善に役立てることができないという問題点を有している。

これに対して目標に準拠した評価とは、学習を通して到達すべき目標を基準とし、その目標への到達度を測る評価方法である。この評価方法では、目標に照らして個々人の到達状況が測られるため、学習者は自身の学習状況を知ることができ、教師も個々の子どもあるいは集団の学力の実態を把握し、指導の改善に生かすことができる。この評価が適切におこなわれるためには、目標への到達度を測る客観的な評価の基準をあらかじめ作成することが必要である。

個人内評価は、学習者個人の以前の状況を基準とし、それと比較してどの程度進歩が見られるかという観点から評価をおこなうものである。個々の子どもの学習への取り組みや意欲、成長を評価する上で有効である。

②近年の教育評価論

　指導に生かすための評価として有効と思われる目標に準拠した評価についても、アメリカや日本において批判的見解が示されてきた。田中耕治(2008)によると、その批判の論点として、第1には目標からはみ出したり、さらにそれを乗り越えていく子どもの姿が軽視されやすいという点。第2には、外的な評価（目標）に自分を合致させることが優先され、「指示待ち」「評価待ち」の子どもになる危険性があり、子どもの「内的な評価」が着目されていないという点。第3には、目標への到達を問題にするあまり、目標に至る（至らない）子どもたちの「試行錯誤」や「葛藤」が看過されるのではないかという点。第4には、明示的・量的な目標が強調され、質的に高次な教育目標が看過されるという点が挙げられる。

　こうした課題を踏まえた新しい評価のあり方が求められるなか、近年着目されている教育評価論として「真正の評価」論がある。これは1980年代後半のアメリカにおいて、標準テストによる子どもの学力評価への批判を背景に登場してきた評価論である。真正の評価とは、社会や生活の文脈に即したリアルな課題に取り組むプロセスを評価することを意味している。このような評価論を支えるのが、構成主義的な学習論であるという（田中、2008）。前章でも触れたように、脱文脈的な知識の蓄積としての学習のとらえ方は、具体的な状況において他者や自己との対話を通して知が再構築される過程としての学習へととらえ直されている。こうした学習観の転換を背景に、教育評価のあり方にも見直しが求められているのである。

(3) 日本における教育評価のあり方と変遷
①指導要録

　学校における教育評価の記録に指導要録がある。指導要録は、学校教育法施行規則に規定される公的な記録であり、「学籍に関する記録」と「指導に関する記録」から成っている。現行の小学校の指導要録（参考様式）を例に

述べると、「学籍に関する記録」として児童の氏名、生年月日、住所や入学・卒業等の年月日、また保護者の氏名・住所等が記載される。「指導に関する記録」では、「各教科の学習の記録」（Ⅰ観点別学習状況の評価とⅡ評定からなる）、「外国語活動の記録」、「総合的な学習の時間の記録」、「特別活動の記録」の教科・領域の学習活動に関わる項目の他、「行動の記録」「総合所見及び指導上参考となる諸事項」、「出欠の記録」が記載される。

②日本における教育評価の変遷

　指導要録は、学習指導要領の改訂に合わせて、およそ10年ごとにその様式や記入方法の見直しがおこなわれている。戦後の日本の教育評価の歴史は、基本的にはこの指導要録の改訂の経過に見ることができる。戦後作られた指導要録では、以前の恣意的な評価を改め、客観的な評価をおこなう意図から、正規分布曲線にもとづく5段階相対評価が採用された。普通程度のものを3とし、それとの優劣の程度で各評定をつけることになるが、その際、正規分布曲線にもとづいて1から5の各段階をつける人数はおよそ決まってくることになる。(2)①でも述べたような相対評価のもつ教育評価としての問題性は、1960年代以降、社会的にも強く認識されるようになる。その背景には高度経済成長期の能力主義的な教育の状況において、受験競争が激化する一方で「落ちこぼれ」の問題が生じるなど、教育の荒廃の現象が存在していた。

　1970年代以降の指導要録の改訂は、基本的に相対評価から目標に準拠した評価（到達度評価）へという変化の過程としてとらえられる。1971年の改訂では、評定においてあらかじめ各段階の比率を定め、機械的に振り分けることのないように留意することが示され、各教科の評定は「絶対評価を加味した相対評価」でおこなわれることとなった。田中（2008）は、この「相対評価」から「到達度評価」への移行は、前者の競争・選抜型の評価から、協同・学力保障型の評価への転換を意味していたと述べている。

　その後2001年の改訂を迎えるまで、各教科の評定は「絶対評価を加味した相対評価」とされたが、1980年改訂では小学校低学年で評定を5段階から3

段階に、段階の見直しが測られた。さらに学習への関心・意欲・態度を重視した「新しい学力観」に立った1991年改訂では、小学校低学年では評定を廃止、中・高学年で3段階となった。さらに評定も目標に準拠した評価でおこなうことになり、観点別学習状況の評価と合わせて統一的な評価方法のもとで教育評価を実施することになったのは、2001年の改訂からである。一人ひとりの理解の状況を的確に把握し、指導の改善に生かすためには目標に準拠した評価が適当との理由からである。

③現在の学習指導要領と学習評価のあり方

　2008年の学習指導要領改訂を受けて、新しい教育課程のもとでの学習評価について中央教育審議会報告（2010）がまとめられた。指導要領が「生きる力」の理念を引き継いでいることを踏まえ、基本的にはこれまでの学習評価の在り方を維持し、観点別学習状況の評価と評定とをともに目標に準拠した評価として実施する。しかし第9章でも述べた通り、今回の指導要領では学力の3要素が示されており、これを踏まえて評価の観点が整理され、

① 基礎的・基本的な知識・技能については「知識・理解」や「技能」の観点において、

② 思考力・判断力・表現力等については「思考・判断・表現」の観点において、

③ 主体的に学習に取り組む態度については「関心・意欲・態度」の観点において、

それぞれ評価をおこなうことが示された。

　観点の変更の中心は、従来の「思考・判断」に「表現」を加える点にある。その趣旨について、先の中央教育審議会の報告は「思考・判断・表現」の評価を、言語活動を中心とした表現に係る活動や作品等と一体的に行うことを明確にするためとしている。論述、発表や討論、観察・実験とレポートの作成といった、新しい学習指導要領下で充実が求められている学習活動を積極的に取り入れ、目標に照らして実現状況を評価する必要があると述べられて

いる。

3　教育評価の過程と方法

(1) 学習指導の過程と教育評価

　教育評価は、学習指導が終わった段階でその結果を把握するためだけのものではない。ブルーム（B.S. Bloom）は、学習指導の過程における評価をフィードバックして、指導の改善に生かす形成的評価の重要性を主張した。以下では、学習指導の一連の過程で実施する評価活動を、診断的評価、形成的評価、総括的評価に分けて述べていく。

　診断的評価とは、単元の指導に入る前などに、学習者が既習事項についてどの程度理解しているか、どのような知識を有しているかなど、これから学習する内容に関連する理解の実態を測る評価である。

　形成的評価とは、学習を進行する過程での評価である。確認プリントや小テストを適宜実施したり、授業中の取り組みの様子を観察したりして学習者の理解の状況を把握する。それを学習者にフィードバックするとともに、教師はつまずいている子どもに個別の指導を加えたり、全体に理解が不十分な場合は計画を変更して再度指導するなど、指導改善に生かしていく。

　総括的評価とは、単元の終了時など一定のまとまりをもった学習活動が終了した段階で、学習者の理解状況を評価するものであり、次の単元の学習指導へとつながっていく。

(2) 教育評価の方法

　西岡加名恵（2002）は、学力評価のさまざまな方法を分類し、「筆記による評価」と「パフォーマンスにもとづく評価」に大別している。「筆記による評価」には、多肢選択問題や正誤問題など「客観テスト」式による評価と自由記述式の評価が含まれる。

また、「パフォーマンスにもとづく評価」には、まず完成作品（研究レポート、絵、ビデオなど）や実演（朗読、ディベート、ダンスなど）を評価するパフォーマンス課題による評価がある。また、活動の観察や発問、面接、ノートなど、学習のプロセスに焦点をあてた観察や対話による評価も「パフォーマンスにもとづく評価」として挙げられている。

　先に (2) ②で述べた「真正の評価」論にもとづく新しい評価方法として、ポートフォリオ評価とパフォーマンス評価があげられる。

　ポートフォリオとは、学習過程で子どもが記述したり集めたりした資料・写真・記録、制作した作品などの学習の成果物、子どもの自己評価・相互評価の記録、あるいは教師の評価の記録等をファイル等に収集したものを指す。ポートフォリオ評価とは、自分の学習の軌跡をポートフォリオに積み重ねていくことで、主体的な学習と自己評価を促す評価方法である。近年、総合的な学習の時間等を中心として取り組まれてきた。

　パフォーマンス評価とは、パフォーマンス課題への取り組みを通して、子どもたちに知識や技能を活用させ、その完成作品あるいは実演等の観察によって評価する方法である。パフォーマンス課題とは、「リアルな文脈（またはシュミレーションの文脈）において、知識やスキルを総合して使いこなすことを求めるような複雑な課題」（西岡、2012）であり、基本的には知識や技能を総合して活用する学力を問う課題が想定されると言える。このような課題に対する子どもたちのパフォーマンスには成功の度合いに幅があるため、できた／できないという二分法では評価できない。そのためパフォーマンス評価には、複数のレベルの評価尺度と、それぞれのレベルに対応するパフォーマンスの具体的な特徴からなるルーブリックの作成が必要となる。これらの新しい評価方法は、1つの正解の形への到達を目指すのではなく、個々の子どもたちが知識や技能を活用しながら自分の考えを構築し、主体的に学習する過程を促そうとする評価方法であり、評価方法の進展において重要な意味を持っていると言える。

個々の子どもの学習の様子を把握していくには、教師の日常的・継続的な見取りもまた不可欠である。上田の指導の下に安東小学校をはじめとする学校現場で取り組まれてきたカルテと座席表（上田・安東小、1970）は、日常的・継続的な子ども理解という点で重要な意味を持っている。星野恵美子（1995）は、多様な場面での子どもへの気づきをカルテに記録したり、発言やノートの記述を座席表にメモし、それらをつないで見ることで、子ども理解や評価に生かしている。

　カルテは子どもについて教師が気づいたこと、とりわけ"おやっ"という驚きをメモし、後につなぎ合わせの解釈をおこなうことで、むしろ子どもをみる教師の自身の見方を変革することが意図されている。どのような評価の方法においても、やはり子どもの学習過程をとらえる教師の見方が問われる。そのように考えると、子どもの主体的な学習を促す評価方法の工夫をおこなうとともに、教師が子どもをとらえ評価する自身の見方を不断に問い直していく姿勢が求められるだろう。

(3) 授業研究を通しての授業改善

　これまで、主として子どもの学習評価の側面から教育評価について述べてきた。しかし「指導と評価の一体化」と言われるように、教育評価は授業（あるいはより広くカリキュラム）のあり方を見直し、改善するために実施するものであり、授業評価・授業改善につながるものではなくてはならない。

　そのような観点からとらえると、教員相互あるいは校内全体で取り組まれる授業研究は、授業改善のための教育評価の一環としても重要な意味をもっている。しかし教育評価の一環とはいっても、授業を公開した教師が他の教員から一方的に批評ないし評価を受ける（あるいは逆に当たり障りのない感想で終わる）場となるのではなく、授業を題材として一人ひとりの教員が相互に学び合う場として機能することが重要である。学校現場での具体的な取り組みをもとに、教師の学びにつながる校内研修や授業研究のあり方について論

じている研究(木原、2011)や、大学と教育委員会とが連携して、授業記録にもとづく授業研究を実施した取り組み(名古屋大学・東海市教育委員会、2004)などは、今日の授業研究のあり方を学ぶ上で参考になるだろう。

子どもの学びの質やプロセスに目を向けた授業の観察と、それにもとづく教師同士の対話的な検討会など、子どもの学習過程を丁寧に見ていく姿勢や教師同士が互いに学び合う関係を構築していくための授業研究のあり方が求められていると言える。

参考・引用文献

上田薫・静岡市立安東小学校『ひとりひとりを生かす授業―カルテと座席表』明治図書、1970年。

上田薫『上田薫著作集3 ずれによる創造』黎明書房、1993年。

梶田叡一『教育評価 三訂版』放送大学教育振興会、2003年。

木原俊行『活用型学力を育てる授業づくり』ミネルヴァ書房、2011年。

田中耕治『教育評価』岩波書店、2008年。

中央教育審議会「児童生徒の学習評価の在り方について(報告)」2010年。

名古屋大学・東海市教育委員会 教育実践問題支援プロジェクト編『授業記録による授業改革のプロセス』黎明書房、2004年。

西岡加名恵「教育評価の方法」、田中耕治編著『新しい教育評価の理論と方法 I 理論編』日本標準、2002年。

西岡加名恵「学習の評価」、篠原正典・宮寺晃男編著『新しい教育の方法と技術』ミネルヴァ書房、2012年。

星野恵美子『カルテ・座席表で子どもが見えてくる』明治図書、1995年。

第11章　教育の情報化の進展と授業における ICT 活用

1　教育の情報化に関わる動向

(1)　情報化の進展と教育

　社会における情報化は近年急速に進展し、我々を取り巻く情報環境は変化し続けている。情報通信技術の発達が社会や経済に大きな影響をもつことはもとより、個々人の日常生活においても情報機器が普及している現在、情報や情報手段を適切に活用できる能力が必要となっている。

　情報や情報手段を活用する能力の育成とは、単に情報を収集・選択したり発信したりする情報機器の活用の仕方の問題にとどまるのではなく、グローバル化する現代社会を「生きる力」につながるものである。21世紀の社会は、新しい知識・情報・技術が社会のあらゆる領域での活動の基盤として飛躍的に重要性を増す、「知識基盤社会」の時代と言われている。こうした現代社会において求められる能力について、OECD（経済協力開発機構）の DeSeCo の研究プロジェクトは「キー・コンピテンシー（主要能力）」として定義した。そこで示された3点は、①社会・文化的、技術的ツールを相互作用的に活用する力、②多様な社会グループにおける人間関係形成能力、③自律的に行動する能力、である。①には知識や情報を活用する能力や、テクノロジーを活用する能力も含まれる。言語や情報、技術等をたくさん知っていること自体ではなく、社会や個人の生活における他者との相互作用においてそれらを活用し、更新していく力が重要である。

　こうした点について、日本の子どもたちの状況はどうだろうか。第9章でも述べたように、PISA 調査等の学力調査等の結果からは思考力・判断力・

表現力等を問う読解力や記述式の問題に課題があることが指摘されており、情報を取り出す力はあっても、それらを関連づけて思考し、評価する力は十分とは言えない。その一方で、携帯電話をはじめとする情報機器と子どもたちとの関わりは増加し、情報との付き合い方や他者とのコミュニケーションが課題となっている。そうした課題の背景には、自己形成や他者関係のあり方の問題があり、子どもたちの心の状況について、自分に自信がもてず、将来や人間関係に不安を感じているといった点も指摘されている（中央教育審議答申、2008）。従来に比べて情報や他者との関係が広がり複雑化する今日の社会において、情報活用能力やコミュニケーション力の育成は重要性を増している。

(2) 教育の情報化に関わる施策の進展
①情報化に関わる政策の進展

社会の情報化の進展に対応して、教育の情報化に関わる施策も進められてきた。近年の動向を概観すると、「e-Japan戦略」(2001年)、「IT新改革戦略」(2006年)、「i-Japan戦略2015」(2007年)、あるいは「新たな情報通信技術戦略」(2010年)、「新成長戦略」(2010年)が策定されている。情報通信技術の発展に関わる様々な国の戦略が進められ、教育分野における情報化やICT (Information and Communication Technology 情報通信技術)の活用が重要視されてきたことがわかる。

「IT新改革戦略」では学校におけるICT環境の整備や教員のICT指導力の向上など、達成目標が明確に示された。「i-Japan戦略2015」では教育の情報化が重点分野の一つに位置づけられ、デジタル技術を活用した教育による学習意欲・学力の向上や、情報活用能力の育成など、2015年までの実現を目指す施策が示されている。「新たな情報通信技術戦略」や「新成長戦略」では、情報通信技術の活用による、子ども同士が学び合う双方向の授業（協働教育）の実現という観点が示されている。また教育分野でのICT利活用の

推進のため、総務省を主体とした「フューチャースクール推進事業」が実施され、学校現場での情報通信技術面を中心とした課題の抽出・分析を目的とした実践研究が進められた。

②文部科学省による施策

　また文部科学省においても、情報教育、ICT活用、教員のICT活用指導能力、校務の情報化など、教育の情報化に関わる諸施策や調査研究が進められてきた（文部科学省、2009）。また今回改訂された学習指導要領でも教育の情報化への対応が図られている。ここでは近年示された以下の2つについて述べる。

・「教育の情報化に関する手引き」(2009年)

　この手引きは、新しい学習指導要領のもとでの教育の情報化が円滑に実施されるよう作成されたものである。従来から改訂に合わせて作成されてきたが、今回の指導要領のもとでは教員および児童・生徒のICT活用や情報活用能力の育成の充実が一層期待されることから、従来の手引きに大きな見直しが図られた。

　「手引き」では、教育の情報化を、①情報教育、②教科指導に置けるICT活用、③校務の情報化、という3つの側面からとらえ、それぞれの基本的な考え方と具体的な方法について示している。またその実現のために必要となる教員のICT活用指導力の向上や学校のICT環境整備、特別支援教育における教育の情報化、教育委員会や学校の情報化の推進体制について解説している。なお、以下では学習指導に直接的な関わりの深い情報教育と教科等の指導におけるICT活用の面に触れることとする。

・「教育の情報化ビジョン」(2011年)

　21世紀にふさわしい学びと学校の創造に取り組む上での教育の情報化の重要性を示し、2020年に向けた総合的な推進方策がまとめられたものである。「教育の情報化に関する手引き」にも示された教育の情報化の3側面とその支援・推進体制について、今後求められる方向性や施策が示されている。と

くに学びの場における情報通信技術の活用では、「一斉学習」に加えて、一人一人の能力や特性に応じた「個別学習」、子どもたち同士が教え合い学び合う「協働学習」を推進していくことができるとし、デジタル教科書・教材の活用や、情報端末・デジタル機器・ネットワーク環境の整備の重要性が示されている。

　実施する主な施策として、1人1台の情報端末の活用も含めた学校現場での総合的な実証研究、デジタル教科書・教材の普及促進、情報端末・デジタル機器・ネットワーク環境の整備充実、校務支援の充実、教員への支援充実、情報活用能力の向上などが挙げられ、そのための総合的な推進体制の構築も必要とされている。

2　情報教育の充実

(1) 情報活用能力の育成

　「教育の情報化に関する手引き」(2009年)(以下、「手引き」とする)では、情報教育を通して児童生徒に身につけさせる情報活用能力の目標について下記の3つの観点が示されている。

　A　情報活用の実践力
　　課題や目的に応じて情報手段を適切に活用することを含めて、必要な情報を主体的に収集・判断・表現・処理・創造し、受け手の状況などを踏まえて発信・伝達できる能力
　B　情報の科学的な理解
　　情報活用の基礎となる情報手段の特性の理解と、情報を適切に扱ったり、自らの情報活用を評価・改善するための基礎的な理論や方法の理解
　C　情報社会に参画する態度
　　社会生活の中で情報や情報技術が果たしている役割や及ぼしている影響を理解し、情報モラルの必要性や情報に対する責任について考え、望ま

しい情報社会の創造に参画しようとする態度

　また「手引き」には上記の各観点について小・中・高等学校の学校段階ごとに育成する内容が整理されている。発達段階に即すとともに、それ以前の学習経験を踏まえて系統的に情報活用能力を身につけることができるような指導が必要である。

　舟生日出男（2012）は、情報教育の目的はICTの小手先のテクニックを教えることではないとし、壁新聞づくりを例に挙げて説明している。ワープロソフトを使ってきれいな壁新聞をつくることができても、それが単に見た目がきれいなだけで内容が薄ければ、より良い情報活用からはほど遠い。見る人に何を伝えたいのか、見た相手はどのように感じたのか、結果として自分が伝えたいことを十分に伝えることができたのかどうかといったことが大切だと述べている。また壁新聞を作る上での道具の使い方にどのような進歩があったか、また壁新聞の特性の理解や、壁新聞づくりを通して周囲の人とのコミュニケーションに対する態度はどう変わったかなども不可欠であり、情報活用能力の育成において情報活用の向こう側にいる人々を意識することや、情報活用の前後の変化をとらえることが重要だと指摘している。

　情報活用能力の育成にあたっては、情報機器や通信技術の活用それ自体が自己目的化し、表層的な活動とならないよう、これらの観点の内容と相互の関連を踏まえて実践することが重要である。

(2) 情報モラル教育の重要性

　情報モラルは、上記の情報活用能力の「C　情報社会に参画する態度」の重要な柱として位置づけられる。子どもたちにも携帯電話やパソコンを通じてのインターネット利用が浸透している。コミュニケーションあるいは情報収集・発信のためのツールとして機能する一方、インターネット上での中傷やいじめの問題、有害情報へのアクセスや犯罪等に巻き込まれる危険性等も出てきている。他者とのよりよいコミュニケーションや関係づくりのために、

危険性も含めた情報社会や情報ネットワークの特性を理解した上で、主体的に判断し行動できる力を育てることが重要である。

情報通信技術の利用に関わる問題は多岐にわたり、技術の進歩とともに問題も新しく生じてくる。やってはいけないことの規制を与えて覚えさせることではなく、「なぜこれがだめなのか」を自分で考えて、主体的に行動できる力の育成が重要であり、その点での学校教育の可能性が指摘されている（坂元、2008）。

また堀田龍也（2006）は、操作方法や機能理解よりも、メディアとのつき合い方を学習することの重要性を指摘し、その柱として、①メディアの特性と適切なメディアの選択の仕方について学ぶこと、②メディアが生活に与える影響について学ぶこと、③メディアが取り巻く社会での安全な行動の仕方について学ぶこと、を挙げている。子どもたちが自分の身近な生活あるいは広く社会における多様なメディアとその影響を自覚し、情報やメディアと主体的に関わり、適切に判断する力を育成することが課題である。

先の「手引き」に示されている小学校の指導例では、図書や資料から情報を集めて自分の考えを書き発表することを通して、情報発信の責任について考えさせる学習（国語）や、放送、新聞などのメディアによる情報が国民生活に与える影響を調べ、情報発信の意図とそれを受け取る側の判断の重要性を理解する学習（社会）、自分たちの作品や身近な美術作品の鑑賞を通して著作物に対する意識を高める学習（図画工作）、対面的な会話と比較しながらメールが相手に与える影響を考える学習（道徳）などがある。各教科・領域等の学習内容に位置づけて取り組むことが求められる。

3　授業におけるICT活用とその課題

(1) 授業におけるICT活用

各教科・領域の学習指導の充実の側面からも、ICT活用の可能性等を探

り、学習環境の整備と充実を図ることが求められる。「手引き」には、授業におけるICT活用の効果として、調査研究の結果が示されている。文部科学省委託事業により平成17・18年度に実施された「ICTを活用した指導の効果の調査」において、ICTを活用した授業をおこなった教員の多くが「関心・意欲・態度」をはじめとする各観点についての効果や、集中して学習に取り組める、楽しく学習できる等の効果を認めている。また客観テストの結果から、ICTを活用した授業が児童・生徒の学力向上に効果があることも示されている。

「教育の情報化ビジョン」では、授業における情報通信技術の活用を、一斉学習、個別学習、協働学習の3つの側面に形態を整理して示している。一斉学習において子どもの興味関心を高める教材やその提示の仕方を工夫するため、あるいは個別学習において基礎・基本の定着や個々の追究を促すためのICT活用に加えて、子ども同士が教え合い学び合う協働学習に生かすという側面が示されている。子どもたちに育成する学力の全体像を踏まえたICTの活用のあり方が目指されていると言える。

(2) 授業におけるICT活用の方法
①学習内容に関する指導や説明を効果的におこなうためのICT活用

　授業におけるICT活用について、先の「手引き」等を参考としながら整理して述べる。

　授業でのICT活用には、まず学習に対する子どもの興味・関心を高めたり、課題を明確化したり、指導内容をわかりやすく説明する、知識の定着を図るなど、学習内容に関する教師の指導や説明を効果的におこなうための活用があげられる。

　例えば、電子黒板を活用して、教科書上の挿絵を大きく映すことでイメージをふくらませたり（国語）、月の表面の鮮明な映像（理科）、和楽器の演奏の様子（音楽）など、リアリティをもたせ学習に対する興味・関心を高める

ことが期待される。

　一人ひとりの課題の明確化では、教科書の問題文を拡大表示して学習のねらいを明確につかむこと（算数・数学）や、デジタルビデオカメラで自分の動きを撮影して模範演技と比較し、自分の演技の課題を見付ける（体育）などがあげられる。

　また、指導内容をわかりやすく説明するという点では、毛筆の筆遣いの模範（国語）や調理の手順（家庭）のように教師の手元の作業を映すなど、映像や図を拡大してわかりやすく提示することや、シミュレーションなどを活用して惑星や太陽の様子を観察しそれらの特徴を理解する（理科）など、実際には見ることの困難な事象等についての理解を促すことができる。

　フラッシュ型教材やデジタルコンテンツの活用などにより、反復練習に集中して取り組ませることで知識の定着を図ることも期待される。

②児童・生徒の主体的学習を促すICTの活用

　教師による効果的な指導のための活用のみでなく、児童が主体としてICT活用を図ることも重要な側面である。活用場面としては、まず情報を収集したり選択したりするための活用があげられる。例えば、学習内容に関わるデータについてインターネットを使って収集したり、観察や見学の際にデジタルカメラで写真撮影するなど、子どもたちが情報を収集し学習に生かすことが考えられる。

　また、自分の考えを文章や図・表にまとめるためのICT活用が考えられる。例えば、学習してきた内容を踏まえて、自分の考えについてワープロソフトを使ってまとめたり、観察や実験で得られた結果について表計算ソフトを活用して表やグラフにまとめたりすることなどである。

　さらに自分で調べ、まとめたことを学級の場で発表するという場面でもICT活用が有効に働くことが期待される。自分が調べたり観察してきた内容について、プレゼンテーションソフトを使って発表したり、実物投影機を使って自分のノートに記した解き方や資料を写し、学級全体に自分の考えを

わかりやすく発表することなどが考えられる。

　知識の定着という観点については、各自の習熟の度合いに合わせてドリルソフトを活用して学習に取り組む、1人1台の情報端末を使って個別学習をおこなうなど、繰り返し学習や個別学習にICTを活用することが考えられる。

③ICT活用におけるデジタル教材・デジタル機器

　授業におけるICTの効果的な活用のためには、デジタル教材等の学習教材とそれらを子どもたちによりわかりやすく提示するためのデジタル機器が必要となる。

・デジタル教材

　質の高いデジタル教材は、ICTの効果的な活用を進める上で重要である。近年開発が進められてデジタル教材として、いわゆるデジタル教科書がある。これは「デジタル機器や情報端末向けの教材のうち、既存の教科書の内容と、それを閲覧するためのソフトウェアに加え、編集、移動、追加、削除などの基本機能を備えるもの」であり、「指導者用デジタル教科書」と「学習者用デジタル教科書」に大別される。こうした教材を含め、質の高いデジタル教材の開発・提供や、それにもとづく教育実践・指導案等についての情報の集積・共有化を図ることが課題とされている。

・デジタル機器

　デジタル機器については、電子黒板、プロジェクタ、実物投影機、パソコン、デジタルカメラ等が広く活用されている。なかでも電子黒板は、画面に触れることで直接映す内容を切り替えたり、画面を保存したりすることもでき、近年普及や活用が進んできた。電子黒板の利点として、①画面上での直接操作、②画面上への直接書き込み、③履歴（保存）機能があげられる（豊田、2011）。電子黒板は、鮮明な映像を拡大して提示したり、見えにくい事象を提示することで子どもの関心を高めることにも意義はあるが、デジタル教材の「一視聴者」にしてしまうことのないよう配慮が必要である（豊田、

2011)。そのような意味では、従来の黒板に電子黒板が取って代わるというのではなく、黒板を活用しつつ授業のねらいや活動に応じて電子黒板を併用し、教師と子ども相互のコミュニケーションを通して授業を展開するという考え方が重要であろう。

(3) ICT の効果的な活用と課題

既に述べたように、学びの場における ICT の活用には、教師の指導・説明のための活用だけでなく、児童・生徒による主体的な学習を促すための活用も含まれ、多様な側面での役割が期待される。各教科・領域や授業内容の特質によっても活用の仕方は異なるが、新しい情報通信技術やデジタル教材を含めた学習環境の工夫を通して、子どもの基礎的な学力あるいはそれらを活用する力をいかに高められるか、また相互に学び合う場の充実にどのように生かせるかなど、授業のねらいに即した効果的な活用方法を探ることが重要である。

市川博 (2011) は、「わかりやすい」授業展開のための情報機器の利用という側面だけでなく、わかりにくいもの、重要だが解けにくい問題の解決に息長く挑んで、「簡単にはわからない」授業を推進していくことも必要だと指摘し、むしろそうした授業のあり方こそ、デジタルメディア時代の授業の基本をとらえている。わかりやすい授業の実現は確かに重要であるが、授業を通して子どもにどのような力を育成していくかという根本に立ち戻って考えるとき、市川の指摘するところは重要である。

中川一史 (2009) は、電子黒板の活用方法について、拡大表示することによって子どもたちの視線が集まり、焦点化や共有化が図れるというスタンダードな活用に加えて、思考を可視化する場面の共有ボードとしての活用の側面を提示している。電子黒板上の図の上に子どもたちが考えを書き込み、考えの共通点や違いを明らかにしながら思考を深めるのに役立てる学習活動が事例として紹介されている。先の市川の指摘を含めて、現代社会で求められ

る学力や学習のあり方を考える時、こうした子どもの思考の深化や学び合いを促すICT活用の可能性の検討がますます重要となるであろう。

その際、「デジタル教科書・教材や情報端末の活用が、実体験（実験や観察等を含む）や対面のコミュニケーションの軽視につながらないよう、実体験とリンクしながら学習が進行するように工夫する必要がある」（文部科学省、2011）と示されているように、デジタル教材やデジタル機器の活用それ自体を自己目的化するのではなく、子ども相互の学び合いの学習活動を促進する手段として位置づけ、その効果的な活用を図ることが重要である。

参考・引用文献
市川博「デジタルメディア時代に求められる授業のあり方」日本教育方法学会編『教育方法40 デジタルメディア時代の教育方法』図書文化、2011年。
坂元章「提言！子どもをとりまくメディアの現実と学校教育」、堀田龍也・玉置崇他編『情報化時代の学校変革力』高陵社出版、2008年。
中央教育審議会答申「幼稚園、小学校、中学校、高等学校及び特別支援学校の学習指導要領等の改善について」2008年。
中川一史「はじめに～電子黒板は、学校教育に何をもたらすのか～」中川一史・中橋雄編著『電子黒板が創る学びの未来』ぎょうせい、2009年。
豊田充崇（2011）「新教育課程における電子黒板の活用と学習効果」赤堀侃司編著『電子黒板・デジタル教材活用事例集』教育開発研究所、2011年。
舟生日出男『教師のための情報リテラシー』ナカニシヤ出版、2012年。
堀田龍也編著『メディアとのつきあい方学習』ジャストシステム、2004年。
文部科学省「教育の情報化に関する手引き」2009年。
文部科学省「教育の情報化ビジョン」2011年。

関 連 資 料

教育ニ関スル勅語
日本国憲法（抄）
教育基本法及び改正教育基本法
教師の倫理綱領
期待される人間像（抜粋）
小学校学習指導要領（抄）
中学校学習指導要領（抄）

教育ニ関スル勅語（教育勅語）

(一八九〇年
明治二十三年十月三十日)

朕惟フニ我カ皇祖皇宗國ヲ肇ムルコト宏遠ニ德ヲ樹ツルコト深厚ナリ我カ臣民克ク忠ニ克ク孝ニ億兆心ヲ一ニシテ世々厥ノ美ヲ濟セルハ此レ我カ國體ノ精華ニシテ教育ノ淵源亦實ニ此ニ存ス爾臣民父母ニ孝ニ兄弟ニ友ニ夫婦相和シ朋友相信シ恭儉已レヲ持シ博愛衆ニ及ホシ學ヲ修メ業ヲ習ヒ以テ智能ヲ啓發シ德器ヲ成就シ進テ公益ヲ廣メ世務ヲ開キ常ニ國憲ヲ重シ國法ニ遵ヒ一旦緩急アレハ義勇公ニ奉シ以テ天壤無窮ノ皇運ヲ扶翼スヘシ是ノ如キハ獨リ朕カ忠良ノ臣民タルノミナラス又以テ爾祖先ノ遺風ヲ顯彰スルニ足ラン

斯ノ道ハ實ニ我カ皇祖皇宗ノ遺訓ニシテ子孫臣民ノ倶ニ遵守スヘキ所之ヲ古今ニ通シテ謬ラス之ヲ中外ニ施シテ悖ラス朕爾臣民ト倶ニ拳々服膺シテ咸其德ヲ一ニセンコトヲ庶幾フ

日本国憲法（抄）

(昭和21年11月3日公布)
(昭和22年5月3日施行)

　日本国民は、正当に選挙された国会における代表者を通じて行動し、われらとわれらの子孫のために、諸国民との協和による成果と、わが国全土にわたつて自由のもたらす恵沢を確保し、政府の行為によつて再び戦争の惨禍が起ることのないやうにすることを決意し、ここに主権が国民に存することを宣言し、この憲法を確定する。そもそも国政は、国民の厳粛な信託によるものであつて、その権威は国民に由来し、その権力は国民の代表者がこれを行使し、その福利は国民がこれを享受する。これは人類普遍の原理であり、この憲法は、かかる原理に基くものである。われらは、これに反する一切の憲法、法令及び詔勅を排除する。
　日本国民は、恒久の平和を念願し、人間相互の関係を支配する崇高な理想を深く自覚するのであつて、平和を愛する諸国民の公正と信義に信頼して、われらの安全と生存を保持しようと決意した。われらは、平和を維持し、専制と隷従、圧迫と偏狭を地上から永遠に除去しようと努めてゐる国際社会において、名誉ある地位を占めたいと思ふ。われらは、全世界の国民が、ひとしく恐怖と欠乏から免かれ、平和のうちに生存する権利を有することを確認する。
　われらは、いづれの国家も、自国のことのみに専念して他国を無視してはならないのであつて、政治道徳の法則は、普遍的なものであり、この法則に従ふことは、自国の主権を維持し、他国と対等関係に立たうとする各国の責務であると信ずる。
　日本国民は、国家の名誉にかけ、全力をあげてこの崇高な理想と目的を達成することを誓ふ。

第十三条　すべて国民は、個人として尊重される。生命、自由及び幸福追求に対する国民の権利については、公共の福祉に反しない限り、立法その他の国政の上で、最大の尊重を必要とする。
第十四条　すべて国民は、法の下に平等であつて、人種、信条、性別、社会的身分又は門地により、政治的、経済的又は社会的関係において、差別されない。
②　華族その他の貴族の制度は、これを認めない。
③　栄誉、勲章その他の栄典の授与は、いかなる特権も伴はない。栄典の授

与は、現にこれを有し、又は将来これを受ける者の一代に限り、その効力を有する。

第二十条　信教の自由は、何人に対してもこれを保障する。いかなる宗教団体も、国から特権を受け、又は政治上の権力を行使してはならない。

②　何人も、宗教上の行為、祝典、儀式又は行動に参加することを強制されない。

③　国及びその機関は、宗教教育その他いかなる宗教的活動もしてはならない。

第二十三条　学問の自由は、これを保障する。

第二十六条　すべて国民は、法律の定めるところにより、その能力に応じて、ひとしく教育を受ける権利を有する。

②　すべて国民は、法律の定めるところにより、その保護する子女に普通教育を受けさせる義務を負ふ。義務教育は、これを無償とする。

第九十七条　この憲法が日本国民に保障する基本的人権は、人類の多年にわたる自由獲得の努力の成果であつて、これらの権利は、過去幾多の試錬に堪へ、現在及び将来の国民に対し、侵すことのできない永久の権利として信託されたものである。

教育基本法（全）

(昭和22年3月31日)
(法律第 25 号)

われらは、さきに、日本国憲法を確定し、民主的で文化的な国家を建設して、世界の平和と人類の福祉に貢献しようとする決意を示した。この理想の実現は、根本において教育の力にまつべきものである。

われらは、個人の尊厳を重んじ、真理と平和を希求する人間の育成を期するとともに、普遍的にしてしかも個性ゆたかな文化の創造をめざす教育を普及徹底しなければならない。

ここに、日本国憲法の精神に則り、教育の目的を明示して、新しい日本の教育の基本を確立するため、この法律を制定する。

第1条（教育の目的） 教育は、人格の完成をめざし、平和的な国家及び社会の形成者として、真理と正義を愛し、個人の価値をたつとび、勤労と責任を重んじ、自主的精神に充ちた心身ともに健康な国民の育成を期して行われなければならない。

第2条（教育の方針） 教育の目的は、あらゆる機会に、あらゆる場所において実現されなければならない。この目的を達成するためには、学問の自由を尊重し、実際生活に即し、自発的精神を養い、自他の敬愛と協力によつて、文化の創造と発展に貢献するように努めなければならない。

第3条（教育の機会均等） すべて国民は、ひとしく、その能力に応ずる教育を受ける機会を与えられなければならないものであつて、人種、信条、性別、社会的身分、経済的地位又は門地によつて、教育上差別されない。

② 国及び地方公共団体は、能力があるにもかかわらず、経済的理由によつて修学困難な者に対して、奨学の方法を講じなければならない。

第4条（義務教育） 国民は、その保護する子女に、九年の普通教育を受けさせる義務を負う。

② 国又は地方公共団体の設置する学校における義務教育については、授業料は、これを徴収しない。

第5条（男女共学） 男女は、互に敬重し、協力し合わなければならないものであつて、教育上男女の共学は、認められなければならない。

第6条（学校教育） 法律に定める学校は、公の性質をもつものであつて、国又は地方公共団体の外、法律に定める法人のみが、これを設置することができる。

② 法律に定める学校の教員は、全体の奉仕者であつて、自己の使命を自覚し、その職責の遂行に努めなければならない。このためには、教員の身分は、尊重され、その待遇の適正が、期せられなければならない。

第7条（社会教育） 家庭教育及び勤労の場所その他社会において行われる教育、国及び地方公共団体によつて奨励されなければならない。

② 国及び地方公共団体は、図書館、博物館、公民館等の施設の設置、学校の施設の利用その他適当な方法によつて教育の目的の実現に努めなければならない。

第8条（政治教育） 良識ある公民たるに必要な政治的教養は、教育上これを尊重しなければならない。

② 法律に定める学校は、特定の政党を支持し、又はこれに反対するための政治教育その他政治的活動をしてはならない。

第9条（宗教教育） 宗教に関する寛容の態度及び宗教の社会生活における地位は、教育上これを尊重しなければならない。

② 国及び地方公共団体が設置する学校は、特定の宗教のための宗教教育その他宗教的活動をしてはならない。

第10条（教育行政） 教育は、不当な支配に服することなく、国民全体に対し直接に責任を負つて行われるべきものである。

② 教育行政は、この自覚のもとに、教育の目的を遂行するに必要な諸条件の整備確立を目標として行われなければならない。

第11条（補則） この法律に掲げる諸条項を実施するために必要がある場合には、適当な法令が制定されなければならない。

附　則

この法律は、公布の日から、これを施行する。

教育基本法

(平成18年12月22日)
(法律第120号)

教育基本法(昭和二十二年法律第二十五号)の全部を改正する。

　我々日本国民は、たゆまぬ努力によって築いてきた民主的で文化的な国家を更に発展させるとともに、世界の平和と人類の福祉の向上に貢献することを願うものである。
　我々は、この理想を実現するため、個人の尊厳を重んじ、真理と正義を希求し、公共の精神を尊び、豊かな人間性と創造性を備えた人間の育成を期するとともに、伝統を継承し、新しい文化の創造を目指す教育を推進する。
　ここに、我々は、日本国憲法の精神にのっとり、我が国の未来を切り拓く教育の基本を確立し、その振興を図るため、この法律を制定する。

第一章　教育の目的及び理念

(教育の目的)
第一条　教育は、人格の完成を目指し、平和で民主的な国家及び社会の形成者として必要な資質を備えた心身ともに健康な国民の育成を期して行われなければならない。

(教育の目標)
第二条　教育は、その目的を実現するため、学問の自由を尊重しつつ、次に掲げる目標を達成するよう行われるものとする。
　一　幅広い知識と教養を身に付け、真理を求める態度を養い、豊かな情操と道徳心を培うとともに、健やかな身体を養うこと。
　二　個人の価値を尊重して、その能力を伸ばし、創造性を培い、自主及び自律の精神を養うとともに、職業及び生活との関連を重視し、勤労を重んずる態度を養うこと。
　三　正義と責任、男女の平等、自他の敬愛と協力を重んずるとともに、公共の精神に基づき、主体的に社会の形成に参画し、その発展に寄与する態度を養うこと。
　四　生命を尊び、自然を大切にし、環境の保全に寄与する態度を養うこと。
　五　伝統と文化を尊重し、それらをはぐくんできた我が国と郷土を愛するとともに、他国を尊重し、国際社会の平和と発展に寄与する態度を養うこと。

（生涯学習の理念）

第三条　国民一人一人が、自己の人格を磨き、豊かな人生を送ることができるよう、その生涯にわたって、あらゆる機会に、あらゆる場所において学習することができ、その成果を適切に生かすことのできる社会の実現が図られなければならない。

（教育の機会均等）

第四条　すべて国民は、ひとしく、その能力に応じた教育を受ける機会を与えられなければならず、人種、信条、性別、社会的身分、経済的地位又は門地によって、教育上差別されない。

2　国及び地方公共団体は、障害のある者が、その障害の状態に応じ、十分な教育を受けられるよう、教育上必要な支援を講じなければならない。

3　国及び地方公共団体は、能力があるにもかかわらず、経済的理由によって修学が困難な者に対して、奨学の措置を講じなければならない。

第二章　教育の実施に関する基本

（義務教育）

第五条　国民は、その保護する子に、別に法律で定めるところにより、普通教育を受けさせる義務を負う。

2　義務教育として行われる普通教育は、各個人の有する能力を伸ばしつつ社会において自立的に生きる基礎を培い、また、国家及び社会の形成者として必要とされる基本的な資質を養うことを目的として行われるものとする。

3　国及び地方公共団体は、義務教育の機会を保障し、その水準を確保するため、適切な役割分担及び相互の協力の下、その実施に責任を負う。

4　国又は地方公共団体の設置する学校における義務教育については、授業料を徴収しない。

（学校教育）

第六条　法律に定める学校は、公の性質を有するものであって、国、地方公共団体及び法律に定める法人のみが、これを設置することができる。

2　前項の学校においては、教育の目標が達成されるよう、教育を受ける者の心身の発達に応じて、体系的な教育が組織的に行われなければならない。この場合において、教育を受ける者が、学校生活を営む上で必要な規律を重んずるとともに、自ら進んで学習に取り組む意欲を高めることを重視して行われなければならない。

（大学）

第七条　大学は、学術の中心として、高い教育と専門的能力を培うとともに、深く真理を探求して新たな知見を創造し、これらの成果を広く社会に提供することにより、社会の発展

に寄与するものとする。

2　大学については、自主性、自律性その他の大学における教育及び研究の特性が尊重されなければならない。

（私立学校）

第八条　私立学校の有する公の性質及び学校教育において果たす重要な役割にかんがみ、国及び地方公共団体は、その自主性を尊重しつつ、助成その他の適当な方法によって私立学校教育の振興に努めなければならない。

（教員）

第九条　法律に定める学校の教員は、自己の崇高な使命を深く自覚し、絶えず研究と修養に励み、その職責の遂行に努めなければならない。

2　前項の教員については、その使命と職責の重要性にかんがみ、その身分は尊重され、待遇の適正が期せられるとともに、養成と研修の充実が図られなければならない。

（家庭教育）

第一〇条　父母その他の保護者は、子の教育について第一義的責任を有するものであって、生活のために必要な習慣を身に付けさせるとともに、自立心を育成し、心身の調和のとれた発達を図るよう努めるものとする。

2　国及び地方公共団体は、家庭教育の自主性を尊重しつつ、保護者に対する学習の機会及び情報を提供その他の家庭教育を支援するために必要な施策を講ずるよう努めなければならない。

（幼児期の教育）

第一一条　幼児期の教育は、生涯にわたる人格形成の基礎を培う重要なものであることにかんがみ、国及び地方公共団体は、幼児の健やかな成長に資する良好な環境の整備その他適当な方法によって、その振興に努めなければならない。

（社会教育）

第一二条　個人の要望や社会の要請にこたえ、社会において行われる教育は、国及び地方公共団体によって奨励されなければならない。

2　国及び地方公共団体は、図書館、博物館、公民館その他の社会教育施設の設置、学校の施設の利用、学習の機会及び情報の提供その他の適当な方法によって社会教育の振興に努めなければならない。

（学校、家庭及び地域住民等の相互の連携協力）

第一三条　学校、家庭及び地域住民その他の関係者は、教育におけるそれぞれの役割と責任を自覚するとともに、相互の連携及び協力に努めるものとする。

（政治教育）

第一四条　良識ある公民として必要な政治的教養は、教育上尊重されなければならない。

2　法律に定める学校は、特定の政党

を支持し、又はこれに反対するための政治教育その他政治的活動をしてはならない。

（宗教教育）
第一五条　宗教に関する寛容の態度、宗教に関する一般的な教養及び宗教の社会生活における地位は、教育上尊重されなければならない。
2　国及び地方公共団体が設置する学校は、特定の宗教のための宗教教育その他宗教的活動をしてはならない。

　　　第三章　教育行政

（教育行政）
第一六条　教育は、不当な支配に服することなく、この法律及び他の法律の定めるところにより行われるべきものであり、教育行政は、国と地方公共団体との適切な役割分担及び相互の協力の下、公正かつ適正に行われなければならない。
2　国は、全国的な教育の機会均等と教育水準の維持向上を図るため、教育に関する施策を総合的に策定し、実施しなければならない。
3　地方公共団体は、その地域における教育の振興を図るため、その実情に応じた教育に関する施策を策定し、実施しなければならない。
4　国及び地方公共団体は、教育が円滑かつ継続的に実施されるよう、必要な財政上の措置を講じなければならない。

（教育振興基本計画）
第一七条　政府は、教育の振興に関する施策の総合的かつ計画的な推進を図るため、教育の振興に関する施策についての基本的な方針及び講ずべき施策その他必要な事項について、基本的な計画を定め、これを国会に報告するとともに、公表しなければならない。
2　地方公共団体は、前項の計画を参酌し、その地域の実情に応じ、当該地方公共団体における教育の振興のための施策に関する基本的な計画を定めるよう努めなければならない。

　　　第四章　法令の制定

第一八条　この法律に規定する諸条項を実施するため、必要な法令が制定されなければならない。
　　　　附　則〔抄〕
（施行期日）
1　この法律は、公布の日から施行する。

教師の倫理綱領

(昭和二七年 日本教職員組合決定)

一　教師は日本社会の課題にこたえて青少年とともに生きる
二　教師は教育の機会均等のためにたたかう
三　教師は平和を守る
四　教師は科学的真理に立って行動する
五　教師は教育の自由の侵害を許さない
六　教師は正しい政治をもとめる
七　教師は親たちとともに社会の頽廃とたたかい、新しい文化をつくる
八　教師は労働者である
九　教師は生活権を守る
十　教師は団結する

期待される人間像（抜粋）

　　まえがき
　この「期待される人間像」は、「第一部　当面する日本人の課題」と「第二部　日本人にとくに期待されるもの」からなっている。
　この「期待される人間像」は、「第一　後期中等教育の理念」の「二　人間形成の目標としての期待される人間像」において述べたとおり、後期中等教育の理念を明らかにするため、主体としての人間のあり方について、どのような理想像を描くことができるかを検討したものである。
　以下に述べるところのものは、すべての日本人、とくに教育者その他人間形成の任に携わる人々の参考とするためのものである。
　それについて注意しておきたい二つのことがある。
㈠　ここに示された諸徳性のうち、どれをとって青少年の教育の目標とするか、またその表現をどのようにするか、それはそれぞれの教育者あるいは教育機関の主体的な決定に任せられていることである。しかし、日本の教育の現状をみるとき、日本人としての自覚をもった国民であること、職業の尊さを知り、勤労の徳を身につけた社会人で

あること、強い意志をもった自主独立の個人であることなどは、教育の目標として、じゅうぶんに留意されるべきものと思われる。ここに示したのは人間性のうちにおける諸徳性の分布地図である。その意味において、これは一つの参考になるであろう。

(二) 古来、徳はその根源において一つであるとも考えられてきた。それは良心が一つであるのと同じである。以下に述べられた徳性の数は多いが、重要なことはその名称を暗記させることではない。むしろその一つでも二つでも、それを自己の身につけようと努力させることである。そうすれば他の徳もそれとともに呼びさまされてくるであろう。

第一部　当面する日本人の課題

「今後の国家社会における人間像はいかにあるべきか」という課題に答えるためには、第一に現代文明はどのような傾向を示しつつあるか、第二に今日の国際情勢はどのような姿を現わしているか、第三に日本のあり方はどのようなものであるべきかという三点からの考察が必要である。

一　現代文明の特色と第一の要請

現代文明の一つの特色は自然科学のぼっ興にある。それが人類に多くの恩恵を与えたことはいうまでもない。医学や産業技術の発展はその恩恵のほどを示している。そして今日は原子力時代とか、宇宙時代とか呼ばれるにいたっている。それは何人も否定することができない。これは現代文明のすぐれた点であるが、それとともに忘れられてはならないことがある。それは産業技術の発達は人間性の向上を伴わなければならないということである。もしその面が欠けるならば、現代文明は跛行的となり、産業技術の発達が人類の福祉に対して、それにふさわしい貢献をなしがたいことになろう。社会学者や文明批評家の多くが指摘するように、人間が機械化され、手段化される危険も生ずるのである。

またその原因は複雑であるが、現代文明の一部には利己主義や享楽主義の傾向も認められる。それは人類の福祉と自己の幸福に資することができないばかりでなく、人間性をゆがめる結果にもなろう。

ここから、人間性の向上と人間能力の開発という第一の要請が現われる。

今日は技術革新の時代である。今後の日本人は、このような時代にふさわしく自己の能力を開発しなければならない。

日本における戦後の経済的復興は世界の驚異とされている。しかし、経済的繁栄とともに一部に利己主義と享楽主義の傾向が現われている。他方、敗戦による精神的空白と精神的混乱はなお残存している。このように、物質的

欲望の増大だけがあって精神的理想の欠けた状態がもし長く続くならば、長期の経済的繁栄も人間生活の真の向上も期待することはできない。

日本の工業化は人間能力の開発と同時に人間性の向上を要求する。けだし、人間性の向上なくしては人間能力の開発はその基盤を失うし、人間を単に生産手段の一つとする結果になるからである。

この際、日本国憲法および教育基本法が、平和国家、民主国家、福祉国家、文化国家という国家思想を掲げている意味を改めて考えてみなければならない。福祉国家となるためには、人間能力の開発によって経済的に豊かになると同時に、人間性の向上によって精神的、道徳的にも豊かにならなければならない。また、文化国家となるためには、高い学問と芸術とをもち、それらが人間の教養として広く生活文化の中に浸透するようにならなければならない。

これらは、いずれも、公共の施策に深く関係しているが、その基礎としては、国民ひとりひとりの自覚がたいせつである。

人間性の向上と人間能力の開発、これが当面要請される第一の点である。

二　今日の国際情勢と第二の要請

以上は現代社会に共通する課題であるが、今日の日本人は特殊な事情が認められる。第二次世界大戦の結果、日本の国家と社会のあり方および日本人の思考法に重大な変革がもたらされた。戦後新しい理想が掲げられはしたものの、とかくそれは抽象論にとどまり、その理想実現のために配慮すべき具体的方策の検討はなおじゅうぶんではない。とくに敗戦の悲惨な事実は、過去の日本および日本人のあり方がことごとく誤ったものであったかのような錯覚を起こさせ、日本の歴史および日本人の国民性は無視されがちであった。そのため新しい理想が掲げられはしても、それが定着すべき日本人の精神的風土のもつ意義はそれほど留意されていないし、日本民族が持ち続けてきた特色さえ無視されがちである。

日本および日本人の過去に改められるべき点も少なくない。しかし、そこには継承され、発展させらるべきすぐれた点も数多くある。もし日本人の欠点のみを指摘し、それを除去するのに急であって、その長所を伸ばす心がけがないならば、日本人の精神的風土にふさわしい形で新たな理想を実現することはできないであろう。われわれは日本人であることを忘れてはならない。

今日の世界は文化的にも政治的にも一種の危機の状態にある。たとえば、平和ということばの異なった解釈、民主主義について相対立する理解の並存にそれが示されている。

戦後の日本人の目は世界に開かれた

という。しかしその見るところは、とかく一方に偏しがちである。世界政治と世界経済の中におかれている今日の日本人は、じゅうぶんに目を世界に見開き、その複雑な情勢に対処することができなければならない。日本は西と東、北と南の対立の間にある。日本人は世界に通用する日本人となるべきである。しかしそのことは、日本を忘れた世界人であることを意味するのではない。日本の使命を自覚した世界人であることがたいせつなのである。真によき日本人であることによって、われわれは、はじめて真の世界人となることができる。単に抽象的、観念的な世界人というものは存在しない。

ここから、世界に開かれた日本人であることという第二の要請が現われる。

今日の世界は必ずしも安定した姿を示していない。局地的にはいろいろな紛争があり、拡大するおそれもなしとしない。われわれは、それに冷静に対処できる知恵と勇気をもつとともに世界的な法の秩序の確立に努めなければならない。

同時に、日本は強くたくましくならなければならない。それによって日本ははじめて平和国家となることができる。もとより、ここでいう強さ、たくましさとは、人間の精神的、道徳的な強さ、たくましさを中心とする日本の自主独立に必要なすべての力を意味している。

日本は与えられる国ではなく、すでに与える国になりつつある。日本も平和を受け取るだけではなく、平和に寄与する国にならなければならない。

世界に開かれた日本人であることという第二の要請は、このような内容を含むものである。

三　日本のあり方と第三の要請

今日の日本について、なお留意しなければならない重要なことがある。戦後の日本は民主主義国家として新しく出発した。しかし民主主義の概念に混乱があり、民主主義はなおじゅうぶんに日本人の精神的風土に根をおろしていない。

それについて注意を要する一つのことがある。それは、民主主義を考えるにあたって、自主的な個人の尊厳から出発して民主主義を考えようとするものと階級闘争的な立場から出発して民主主義を考えようとするものとの対立があることである。

民主主義の史的発展を考えるならば、それが個人の法的自由を守ることから出発して、やがて大衆の経済的平等の要素を多分に含むようになった事実が指摘される。しかし民主主義の本質は、個人の自由と責任を重んじ、法的秩序を守りつつ漸進的にに大衆の幸福を樹立することにあって、法的手段を無視し一挙に理想境を実現しようとする革命主義でもなく、それと関連する全体

主義でもない。性急に後者の方向にかたよるならば、個人の自由と責任、法の尊重から出発したはずの民主主義の本質は破壊されるにいたるであろう。今日の日本は、世界が自由主義国家群と全体主義国家群の二つに分かれている事情に影響され、民主主義の理解について混乱を起こしている。

また、注意を要する他の一つのことがある。由来日本人には民族共同体的な意識は強かったが、その反面、少数の人々を除いては、個人の自由と責任、個人の尊厳に対する自覚が乏しかった。日本の国家、社会、家庭において封建的残滓と呼ばれるものがみられるのもそのためである。また日本の社会は、開かれた社会のように見えながら、そこには閉ざされた社会の一面が根強く存在している。そのことが日本人の道徳は縦の道徳であって横の道徳に欠けているとの批判を招いたのである。確固たる個人の自覚を樹立し、かつ、日本民族としての共同の責任をになうことが重要な課題の一つである。

ここから、民主主義の確立という第三の要請が現われる。

この第三の要請は、具体的には以下の諸内容を含む。

民主主義国家の確立のために何よりも必要なことは、自我の自覚である。一個の独立した人間であることである。かつての日本人は、古い封建性のために自我を失いがちであった。その封建性のわくはすでに打ち破られたがそれに代わって今日のいわゆる大衆社会と機械文明は、形こそ異なっているが、同じく真の自我を喪失させる危険を宿している。

つぎに留意されるべきことは社会的知性の開発である。由来日本人はこまやかな情緒の面においてすぐれていた。寛容と忍耐の精神にも富んでいた。豊かな知性にも欠けていない。ただその知性は社会的知性として、人間関係の面においてじゅうぶんに伸ばされていなかった。

ここで社会的知性というのは、他人と協力し他人と正しい関係にはいることによって真の自己を実現し、法の秩序を守り、よい社会生活を営むことができるような実践力をもった知性を意味する。それは他人のために尽くす精神でもある。しいられた奉仕ではなく、自発的な奉仕ができる精神である。

さらに必要なことは、民主主義国家においては多数決の原理が支配するが、その際、多数を占めるものが専横にならないことと、少数のがわにたつものが卑屈になったり、いたずらに反抗的になったりしないことである。われわれはだれも完全ではないが、だれでもそれぞれになにかの長所をもっている。お互いがその長所を出しあうことによって社会をよりよくするのが、民主主義の精神である。

以上が民主主義の確立という第三の

要請の中で、とくに留意されるべき諸点である。

　以上述べてきたことは、今日の日本人に対しひとしく期待されることである。世界は平和を求めて努力しているが、平和への道は長くかつ険しい。世界平和は、人類無限の道標である。国内的には経済の発展や技術文明の進歩のかげに多くの問題を蔵している。今日の青少年が歩み入る明日の世界情勢、社会情勢は、必ずしも楽観を許さない。新たな問題も起こるであろう。これに対処できる人間となることが、わけても今日の青少年に期待されるのである。

　以上、要するに人間としての、また個人としての深い自覚をもち、種々の国民的、社会的問題に対処できるすぐれた知性をそなえ、かつ、世界における日本人としての確固たる自覚をもった人間になること、これが「当面する日本人の課題」である。

第二部　日本人にとくに期待されるもの

　第一章　個人として
一　自由であること
二　個性を伸ばすこと
三　自己をたいせつにすること
四　強い意志をもつこと
五　畏敬の念をもつこと
　第二章　家庭人として
一　家庭を愛の場とすること
二　家庭をいこいの場とすること
三　家庭を教育の場とすること
四　開かれた家庭とすること
　第三章　社会人として
一　仕事に打ち込むこと
二　社会福祉に寄与すること
三　創造的であること
四　社会規範を重んずること
　第四章　国民として
一　正しい愛国心をもつこと
二　象徴に敬愛の念をもつこと
三　すぐれた国民性を伸ばすこと

小学校学習指導要領（抄）

第1章　総則

第1　教育課程編成の一般方針

1. 各学校においては、教育基本法及び学校教育法その他の法令並びにこの章以下に示すところに従い、児童の人間として調和のとれた育成を目指し、地域や学校の実態及び児童の心身の発達の段階や特性を十分考慮して、適切な教育課程を編成するものとし、これらに掲げる目標を達成するよう教育を行うものとする。

　学校の教育活動を進めるに当たっては、各学校において、児童に生きる力をはぐくむことを目指し、創意工夫を生かした特色ある教育活動を展開する中で、基礎的・基本的な知識及び技能を確実に習得させ、これらを活用して課題を解決するために必要な思考力、判断力、表現力その他の能力をはぐくむとともに、主体的に学習に取り組む態度を養い、個性を生かす教育の充実に努めなければならない。その際、児童の発達の段階を考慮して、児童の言語活動を充実するとともに、家庭との連携を図りながら、児童の学習習慣が確立するよう配慮しなければならない。

2. 学校における道徳教育は、道徳の時間を要として学校の教育活動全体を通じて行うものであり、道徳の時間はもとより、各教科、外国語活動、総合的な学習の時間及び特別活動のそれぞれの特質に応じて、児童の発達の段階を考慮して、適切な指導を行わなければならない。

　道徳教育は、教育基本法及び学校教育法に定められた教育の根本精神に基づき、人間尊重の精神と生命に対する畏敬の念を家庭、学校、その他社会における具体的な生活の中に生かし、豊かな心をもち、伝統と文化を尊重し、それらをはぐくんできた我が国と郷土を愛し、個性豊かな文化の創造を図るとともに、公共の精神を尊び、民主的な社会及び国家の発展に努め、他国を尊重し、国際社会の平和と発展や環境の保全に貢献し未来を拓（ひら）く主体性のある日本人を育成するため、その基盤としての道徳性を養うことを目標とする。

　道徳教育を進めるに当たっては、教師と児童及び児童相互の人間関係を深めるとともに、児童が自己の生き方についての考えを深め、家庭や地域社会との連携を図りながら、集

団宿泊活動やボランティア活動、自然体験活動などの豊かな体験を通して児童の内面に根ざした道徳性の育成が図られるよう配慮しなければならない。その際、特に児童が基本的な生活習慣、社会生活上のきまりを身に付け、善悪を判断し、人間としてしてはならないことをしないようにすることなどに配慮しなければならない。

3. 学校における体育・健康に関する指導は、児童の発達の段階を考慮して、学校の教育活動全体を通じて適切に行うものとする。特に、学校における食育の推進並びに体力の向上に関する指導、安全に関する指導及び心身の健康の保持増進に関する指導については、体育科の時間はもとより、家庭科、特別活動などにおいてもそれぞれの特質に応じて適切に行うよう努めることとする。また、それらの指導を通して、家庭や地域社会との連携を図りながら、日常生活において適切な体育・健康に関する活動の実践を促し、生涯を通じて健康・安全で活力ある生活を送るための基礎が培われるよう配慮しなければならない。

第2 内容等の取扱いに関する共通的事項

1. 第2章以下に示す各教科、道徳、外国語活動及び特別活動の内容に関する事項は、特に示す場合を除き、いずれの学校においても取り扱わなければならない。

2. 学校において特に必要がある場合には、第2章以下に示していない内容を加えて指導することができる。また、第2章以下に示す内容の取扱いのうち内容の範囲や程度等を示す事項は、すべての児童に対して指導するものとする内容の範囲や程度等を示したものであり、学校において特に必要がある場合には、この事項にかかわらず指導することができる。ただし、これらの場合には、第2章以下に示す各教科、道徳、外国語活動及び特別活動並びに各学年の目標や内容の趣旨を逸脱したり、児童の負担過重となったりすることのないようにしなければならない。

3. 第2章以下に示す各教科、道徳、外国語活動及び特別活動及び各学年の内容に掲げる事項の順序は、特に示す場合を除き、指導の順序を示すものではないので、学校においては、その取扱いについて適切な工夫を加えるものとする。

4. 学年の目標及び内容を2学年まとめて示した教科及び外国語活動の内容は、2学年間かけて指導する事項を示したものである。各学校においては、これらの事項を地域や学校及び児童の実態に応じ、2学年間を見通して計画的に指導することとし、

特に示す場合を除き、いずれかの学年に分けて、又はいずれの学年においても指導するものとする。
5. 学校において2以上の学年の児童で編制する学級について特に必要がある場合には、各教科、道徳、外国語活動及び特別活動の目標の達成に支障のない範囲内で、各教科、道徳、外国語活動及び特別活動の目標及び内容について学年別の順序によらないことができる。

第3　授業時数等の取扱い
1. 各教科、道徳、外国語活動、総合的な学習の時間及び特別活動（以下「各教科等」という。ただし、1及び3において、特別活動については学級活動（学校給食に係るものを除く。）に限る。）の授業は、年間35週（第1学年については34週）以上にわたって行うよう計画し、週当たりの授業時数が児童の負担過重にならないようにするものとする。ただし、各教科等や学習活動の特質に応じ効果的な場合には、夏季、冬季、学期末等の休業日の期間に授業日を設定する場合を含め、これらの授業を特定の期間に行うことができる。なお、給食、休憩などの時間については、学校において工夫を加え、適切に定めるものとする。
2. 特別活動の授業のうち、児童会活動、クラブ活動及び学校行事については、それらの内容に応じ、年間、学期ごと、月ごとなどに適切な授業時数を充てるものとする。
3. 各教科等のそれぞれの授業の1単位時間は、各学校において、各教科等の年間授業時数を確保しつつ、児童の発達の段階及び各教科等や学習活動の特質を考慮して適切に定めるものとする。
4. 各学校においては、地域や学校及び児童の実態、各教科等や学習活動の特質等に応じて、創意工夫を生かし時間割を弾力的に編成することができる。
5. 総合的な学習の時間における学習活動により、特別活動の学校行事に掲げる各行事の実施と同様の成果が期待できる場合においては、総合的な学習の時間における学習活動をもって相当する特別活動の学校行事に掲げる各行事の実施に替えることができる。

第4　指導計画の作成等に当たって配慮すべき事項
1. 各学校においては、次の事項に配慮しながら、学校の創意工夫を生かし、全体として、調和のとれた具体的な指導計画を作成するものとする。
   (1) 各教科等及び各学年相互間の関連を図り、系統的、発展的な指導ができるようにすること。
   (2) 学年の目標及び内容を2学年ま

とめて示した教科及び外国語活動については、当該学年間を見通して、地域や学校及び児童の実態に応じ、児童の発達の段階を考慮しつつ、効果的、段階的に指導するようにすること。
- (3) 各教科の各学年の指導内容については、そのまとめ方や重点の置き方に適切な工夫を加え、効果的な指導ができるようにすること。
- (4) 児童の実態等を考慮し、指導の効果を高めるため、合科的・関連的な指導を進めること。
2. 以上のほか、次の事項に配慮するものとする。
- (1) 各教科等の指導に当たっては、児童の思考力、判断力、表現力等をはぐくむ観点から、基礎的・基本的な知識及び技能の活用を図る学習活動を重視するとともに、言語に対する関心や理解を深め、言語に関する能力の育成を図る上で必要な言語環境を整え、児童の言語活動を充実すること。
- (2) 各教科等の指導に当たっては、体験的な学習や基礎的・基本的な知識及び技能を活用した問題解決的な学習を重視するとともに、児童の興味・関心を生かし、自主的、自発的な学習が促されるよう工夫すること。
- (3) 日ごろから学級経営の充実を図り、教師と児童の信頼関係及び児童相互の好ましい人間関係を育てるとともに児童理解を深め、生徒指導の充実を図ること。
- (4) 各教科等の指導に当たっては、児童が学習の見通しを立てたり学習したことを振り返ったりする活動を計画的に取り入れるよう工夫すること。
- (5) 各教科等の指導に当たっては、児童が学習課題や活動を選択したり、自らの将来について考えたりする機会を設けるなど工夫すること。
- (6) 各教科等の指導に当たっては、児童が学習内容を確実に身に付けることができるよう、学校や児童の実態に応じ、個別指導やグループ別指導、繰り返し指導、学習内容の習熟の程度に応じた指導、児童の興味・関心等に応じた課題学習、補充的な学習や発展的な学習などの学習活動を取り入れた指導、教師間の協力的な指導など指導方法や指導体制を工夫改善し、個に応じた指導の充実を図ること。
- (7) 障害のある児童などについては、特別支援学校等の助言又は援助を活用しつつ、例えば指導についての計画又は家庭や医療、福祉等の業務を行う関係機関と連携した支援のための計画を個別に作成することなどにより、個々の児童の障害の状態等に応じた指導内容や指

導方法の工夫を計画的、組織的に行うこと。特に、特別支援学級又は通級による指導については、教師間の連携に努め、効果的な指導を行うこと。
(8) 海外から帰国した児童などについては、学校生活への適応を図るとともに、外国における生活経験を生かすなどの適切な指導を行うこと。
(9) 各教科等の指導に当たっては、児童がコンピュータや情報通信ネットワークなどの情報手段に慣れ親しみ、コンピュータで文字を入力するなどの基本的な操作や情報モラルを身に付け、適切に活用できるようにするための学習活動を充実するとともに、これらの情報手段に加え視聴覚教材や教育機器などの教材・教具の適切な活用を図ること。
(10) 学校図書館を計画的に利用しその機能の活用を図り、児童の主体的、意欲的な学習活動や読書活動を充実すること。
(11) 児童のよい点や進歩の状況などを積極的に評価するとともに、指導の過程や成果を評価し、指導の改善を行い学習意欲の向上に生かすようにすること。
(12) 学校がその目的を達成するため、地域や学校の実態等に応じ、家庭や地域の人々の協力を得るなど家庭や地域社会との連携を深めること。また、小学校間、幼稚園や保育所、中学校及び特別支援学校などとの間の連携や交流を図るとともに、障害のある幼児児童生徒との交流及び共同学習や高齢者などとの交流の機会を設けること。

中学校学習指導要領（抄）

第1章　総則

第1　教育課程編成の一般方針
1. 各学校においては、教育基本法及び学校教育法その他の法令並びにこの章以下に示すところに従い、生徒の人間として調和のとれた育成を目指し、地域や学校の実態及び生徒の心身の発達の段階や特性等を十分考慮して、適切な教育課程を編成する

ものとし、これらに掲げる目標を達成するよう教育を行うものとする。

　学校の教育活動を進めるに当たっては、各学校において、生徒に生きる力をはぐくむことを目指し、創意工夫を生かした特色ある教育活動を展開する中で、基礎的・基本的な知識及び技能を確実に習得させ、これらを活用して課題を解決するために必要な思考力、判断力、表現力その他の能力をはぐくむとともに、主体的に学習に取り組む態度を養い、個性を生かす教育の充実に努めなければならない。その際、生徒の発達の段階を考慮して、生徒の言語活動を充実するとともに、家庭との連携を図りながら、生徒の学習習慣が確立するよう配慮しなければならない。

2.　学校における道徳教育は、道徳の時間を要として学校の教育活動全体を通じて行うものであり、道徳の時間はもとより、各教科、総合的な学習の時間及び特別活動のそれぞれの特質に応じて、生徒の発達の段階を考慮して、適切な指導を行わなければならない。

　道徳教育は、教育基本法及び学校教育法に定められた教育の根本精神に基づき、人間尊重の精神と生命に対する畏敬の念を家庭、学校、その他社会における具体的な生活の中に生かし、豊かな心をもち、伝統と文化を尊重し、それらをはぐくんできた我が国と郷土を愛し、個性豊かな文化の創造を図るとともに、公共の精神を尊び、民主的な社会及び国家の発展に努め、他国を尊重し、国際社会の平和と発展や環境の保全に貢献し未来を拓く主体性のある日本人を育成するため、その基盤としての道徳性を養うことを目標とする。

　道徳教育を進めるに当たっては、教師と生徒及び生徒相互の人間関係を深めるとともに、生徒が道徳的価値に基づいた人間としての生き方についての自覚を深め、家庭や地域社会との連携を図りながら、職場体験活動やボランティア活動、自然体験活動などの豊かな体験を通して生徒の内面に根ざした道徳性の育成が図られるよう配慮しなければならない。その際、特に生徒が自他の生命を尊重し、規律ある生活ができ、自分の将来を考え、法やきまりの意義の理解を深め、主体的に社会の形成に参画し、国際社会に生きる日本人としての自覚を身に付けるようにすることなどに配慮しなければならない。

3.　学校における体育・健康に関する指導は、生徒の発達の段階を考慮して、学校の教育活動全体を通じて適切に行うものとする。特に、学校における食育の推進並びに体力の向上に関する指導、安全に関する指導及び心身の健康の保持増進に関する指導については、保健体育科の時間は

もとより、技術・家庭科、特別活動などにおいてもそれぞれの特質に応じて適切に行うよう努めることとする。また、それらの指導を通して、家庭や地域社会との連携を図りながら、日常生活において適切な体育・健康に関する活動の実践を促し、生涯を通じて健康・安全で活力ある生活を送るための基礎が培われるよう配慮しなければならない。

第2　内容等の取扱いに関する共通的事項

1. 第2章以下に示す各教科、道徳及び特別活動の内容に関する事項は、特に示す場合を除き、いずれの学校においても取り扱わなければならない。
2. 学校において特に必要がある場合には、第2章以下に示していない内容を加えて指導することができる。また、第2章以下に示す内容の取扱いのうち内容の範囲や程度等を示す事項は、すべての生徒に対して指導するものとする内容の範囲や程度等を示したものであり、学校において特に必要がある場合には、この事項にかかわらず指導することができる。ただし、これらの場合には、第2章以下に示す各教科、道徳及び特別活動並びに各学年、各分野又は各言語の目標や内容の趣旨を逸脱したり、生徒の負担過重となったりすることのないようにしなければならない。
3. 第2章以下に示す各教科、道徳及び特別活動並びに各学年、各分野又は各言語の内容に掲げる事項の順序は、特に示す場合を除き、指導の順序を示すものではないので、学校においては、その取扱いについて適切な工夫を加えるものとする。
4. 学校において2以上の学年の生徒で編制する学級について特に必要がある場合には、各教科の目標の達成に支障のない範囲内で、各教科の目標及び内容について学年別の順序によらないことができる。
5. 各学校においては、選択教科を開設し、生徒に履修させることができる。その場合にあっては、地域や学校、生徒の実態を考慮し、すべての生徒に指導すべき内容との関連を図りつつ、選択教科の授業時数及び内容を適切に定め選択教科の指導計画を作成するものとする。
6. 選択教科の内容については、課題学習、補充的な学習や発展的な学習など、生徒の特性等に応じた多様な学習活動が行えるよう各学校において適切に定めるものとする。その際、生徒の負担過重となることのないようにしなければならない。
7. 各学校においては、第2章に示す各教科を選択教科として設けることができるほか、地域や学校、生徒の実態を考慮して、特に必要がある場

合には、その他特に必要な教科を選択教科として設けることができる。その他特に必要な教科の名称、目標、内容などについては、各学校が適切に定めるものとする。

第3　授業時数等の取扱い
1. 各教科、道徳、総合的な学習の時間及び特別活動（以下「各教科等」という。ただし、1及び3において、特別活動については学級活動（学校給食に係るものを除く。）に限る。）の授業は、年間35週以上にわたって行うよう計画し、週当たりの授業時数が生徒の負担過重にならないようにするものとする。ただし、各教科等（特別活動を除く。）や学習活動の特質に応じ効果的な場合には、夏季、冬季、学年末等の休業日の期間に授業日を設定する場合を含め、これらの授業を特定の期間に行うことができる。なお、給食、休憩などの時間については、学校において工夫を加え、適切に定めるものとする。
2. 特別活動の授業のうち、生徒会活動及び学校行事については、それらの内容に応じ、年間、学期ごと、月ごとなどに適切な授業時数を充てるものとする。
3. 各教科等のそれぞれの授業の1単位時間は、各学校において、各教科等の年間授業時数を確保しつつ、生徒の発達の段階及び各教科等や学習活動の特質を考慮して適切に定めるものとする。なお、10分間程度の短い時間を単位として特定の教科の指導を行う場合において、当該教科を担当する教師がその指導内容の決定や指導の成果の把握と活用等を責任をもって行う体制が整備されているときは、その時間を当該教科の年間授業時数に含めることができる。
4. 各学校においては、地域や学校及び生徒の実態、各教科等や学習活動の特質等に応じて、創意工夫を生かし時間割を弾力的に編成することができる。
5. 総合的な学習の時間における学習活動により、特別活動の学校行事に掲げる各行事の実施と同様の成果が期待できる場合においては、総合的な学習の時間における学習活動をもって相当する特別活動の学校行事に掲げる各行事の実施に替えることができる。

第4　指導計画の作成等に当たって配慮すべき事項
1. 各学校においては、次の事項に配慮しながら、学校の創意工夫を生かし、全体として、調和のとれた具体的な指導計画を作成するものとする。
  (1) 各教科等及び各学年相互間の関連を図り、系統的、発展的な指導ができるようにすること。
  (2) 各教科の各学年、各分野又は各

言語の指導内容については、そのまとめ方や重点の置き方に適切な工夫を加えるなど、効果的な指導ができるようにすること。
2. 以上のほか、次の事項に配慮するものとする。
 (1) 各教科等の指導に当たっては、生徒の思考力、判断力、表現力等をはぐくむ観点から、基礎的・基本的な知識及び技能の活用を図る学習活動を重視するとともに、言語に対する関心や理解を深め、言語に関する能力の育成を図る上で必要な言語環境を整え、生徒の言語活動を充実すること。
 (2) 各教科等の指導に当たっては、体験的な学習や基礎的・基本的な知識及び技能を活用した問題解決的な学習を重視するとともに、生徒の興味・関心を生かし、自主的、自発的な学習が促されるよう工夫すること。
 (3) 教師と生徒の信頼関係及び生徒相互の好ましい人間関係を育てるとともに生徒理解を深め、生徒が自主的に判断、行動し積極的に自己を生かしていくことができるよう、生徒指導の充実を図ること。
 (4) 生徒が自らの生き方を考え主体的に進路を選択することができるよう、学校の教育活動全体を通じ、計画的、組織的な進路指導を行うこと。
 (5) 生徒が学校や学級での生活によりよく適応するとともに、現在及び将来の生き方を考え行動する態度や能力を育成することができるよう、学校の教育活動全体を通じ、ガイダンスの機能の充実を図ること。
 (6) 各教科等の指導に当たっては、生徒が学習の見通しを立てたり学習したことを振り返ったりする活動を計画的に取り入れるようにすること。
 (7) 各教科等の指導に当たっては、生徒が学習内容を確実に身に付けることができるよう、学校や生徒の実態に応じ、個別指導やグループ別指導、繰り返し指導、学習内容の習熟の程度に応じた指導、生徒の興味・関心等に応じた課題学習、補充的な学習や発展的な学習などの学習活動を取り入れた指導、教師間の協力的な指導など指導方法や指導体制を工夫改善し、個に応じた指導の充実を図ること。
 (8) 障害のある生徒などについては、特別支援学校等の助言又は援助を活用しつつ、例えば指導についての計画又は家庭や医療、福祉等の業務を行う関係機関と連携した支援のための計画を個別に作成することなどにより、個々の生徒の障害の状態等に応じた指導内容や指導方法の工夫を計画的、組織的に

行うこと。特に、特別支援学級又は通級による指導については、教師間の連携に努め、効果的な指導を行うこと。
(9) 海外から帰国した生徒などについては、学校生活への適応を図るとともに、外国における生活経験を生かすなどの適切な指導を行うこと。
(10) 各教科等の指導に当たっては、生徒が情報モラルを身に付け、コンピュータや情報通信ネットワークなどの情報手段を適切かつ主体的、積極的に活用できるようにするための学習活動を充実するとともに、これらの情報手段に加え視聴覚教材や教育機器などの教材・教具の適切な活用を図ること。
(11) 学校図書館を計画的に利用しその機能の活用を図り、生徒の主体的、意欲的な学習活動や読書活動を充実すること。
(12) 生徒のよい点や進歩の状況などを積極的に評価するとともに、指導の過程や成果を評価し、指導の改善を行い学習意欲の向上に生かすようにすること。
(13) 生徒の自主的、自発的な参加により行われる部活動については、スポーツや文化及び科学等に親しませ、学習意欲の向上や責任感、連帯感の涵養等に資するものであり、学校教育の一環として、教育課程との関連が図られるよう留意すること。その際、地域や学校の実態に応じ、地域の人々の協力、社会教育施設や社会教育関係団体等の各種団体との連携などの運営上の工夫を行うようにすること。
(14) 学校がその目的を達成するため、地域や学校の実態等に応じ、家庭や地域の人々の協力を得るなど家庭や地域社会との連携を深めること。また、中学校間や小学校、高等学校及び特別支援学校などとの間の連携や交流を図るとともに、障害のある幼児児童生徒との交流及び共同学習や高齢者などとの交流の機会を設けること。

（文部科学省ホームページより）

索　引

あ　行

ICT　68, 126, 130
アイズナー　83
アクションリサーチ　78
安全教育　47

生きる力　36, 41, 43, 46, 64, 102, 120, 125

ヴィゴツキー　93
上田薫　107, 115, 123
ウェンガー　73
ウッズ・ホール会議　8, 31

往来物　53
落ちこぼれ　38
音楽　4

か　行

外国語活動　45
科学的リテラシー　42, 66
学習過程　110
学習形態　111
学習指導要領　45, 66
学習指導要領の最低基準化　42
学習習慣　47
学習評価　112, 120
学制　13
学年制　14
学力低下　66, 102
学力低下問題　38
学力の3要素　102, 120
隠れたカリキュラム　9, 80
課題解決的の学習　47
課題学習指導　42
『学校と社会』　6
学校評価ガイドライン　58

学校評議員制　49
活用　44, 47
カリキュラム　3, 4
カルテと座席表　99, 123

キー・コンピテンシー（主要能力）　43, 44, 46, 64, 67, 71, 125
幾何　4
基礎学力の向上　39
基礎的・汎用的能力　72
木下竹次　21
規範意識　90
規範意識の育成　47
キャリア教育　47, 89
教育改革国民会議　39
教育課程　3
教育課程編成　48
教育基本法　39, 46, 64
教育勅語　16
教育的コミュニケーション　3
教育内容の現代化　31, 32
『教育の過程』　8, 31
「教育の情報化に関する手引き」　127, 128, 131
「教育の情報化ビジョン」　127, 131
教育評価　68, 116, 121
教科カリキュラム　5, 6
教材　85, 109
教授の三角形　68
協同学習　87, 88, 93, 100
教練　20
ギリガン　75

グラスゴー大学　4

経験カリキュラム　6, 7, 8, 9
経験主義　21, 25, 29

165

経済協力開発機構（OECD）　41
形成的評価　121
系統学習　5
系統主義　22,29
ケルン憲章　11
ケルン・サミット　11
顕在的カリキュラム　10

コア・カリキュラム　7,26
高度情報化社会　12
公民科　35
コールバーグ　74
国民学校　21,22
国民学校令　18,24
個人内評価　117
古代ギリシア　4
コミュニケーション能力　45
コメニウス　53,67

さ行

斉藤喜博　83,90
佐藤学　65,67,105,107
サピックス　38
沢柳政太郎　21
三学　4
算術　4
算数的活動　45
三層構造の学力　47
三層構造の学力観　44

シーケンス（sequence）　51
四科　4
思考力・判断力・表現力　44
自尊感情　47
七自由科　4
実科学校　5
児童中心主義　21
指導要録　58,60,99,118
自発性　47
ジャクソン　10
修辞学　4
習熟度別指導　42,101

習得　44,47
習得主義　51
授業計画　113,116
授業研究　69,123
シュナイダー　10
順次性（シークエンス）　9
生涯学習　11
生涯スポーツ活動　47
小学教則　13
小学校教則綱領　14
小学校令施行規則　18,20
情報活用能力　126,128
情報通信技術（ICT）　11
情報モラル　129
ショーン　69
新学力観　35
新教育運動　6
「真正の評価」論　118
診断的評価　121

推論　45
数学的活動　45
数学的リテラシー　42,45,66
スキナー　65
スコープ（scope）　51
スパイラル・カリキュラム　9
スプートニク・ショック　8
3R's　5,7
ずれ　115

生活科　35
生活単元学習　7
正統的周辺参加論　73,107
『世界図絵』　53
絶対評価　58
全国学力・学習状況調査　103
潜在的（latent）カリキュラム　10

総括的評価　121
総合的な学習の時間　36,38,42,47,65
相対評価　58,60,69,117,119
ソーンダイク　116

索　　引

ソクラテス　84
ソフィスト　4

た　行

タイラー　116
対話的実践　107
武田常夫　86
確かな学力　41,66
脱工業化社会　10
探究　44,47
探究活動　47
探究的態度　44

知識基盤社会　11,12,43,63,125
知識・技能・理解　44
中央教育審議会　42,63,64
調和的人間の育成　4
チラー　87
地理歴史科　35

詰め込み教育　38

TIMSS調査　103
手作業　7
デジタル機器　128,133
デジタル教科書　133
デジタル教材　133
デューイ　6,7,21,25,65
電子黒板　68,133
天文　4

等級制　14
到達度評価　60,69
道徳心　46
同僚性　86
遠山啓　32
遠山文相　40
読解力　42,45,66
ドラッカー　11
ドルトン・プラン　21

な　行

内容（構造）　9
中山文科相　42

21世紀教育新生プラン　39
日能研　38

望ましい食習慣　47
ノディングス　75

は　行

パーカスト　21
はい回る（creeping）学習活動　8
灰谷健次郎　81
パウロ・フレイレ　73
白紙（タブラ・ラサ）　76
発見学習　8
発達の最近接領域　93
発展学習　42
発問　110
パフォーマンス評価　122
林竹二　88,96
反省的実践家　69,78

ピアジェ　74
PDCAサイクル　65
樋口澄雄　26
PISA調査　45,64,103,125

プラグマティズム哲学　6
プラトン　4
フランダース　70
ブルーナー　8,9,31
ブルーム　121
フレーベル　7
プログラム学習　65
プロジェクト学習　65
文法　4

ペスタロッチー　7,14,18,76
ベル　10,87

167

ヘルバルト　　18, 68
弁証法　　4

ポートフォリオ評価　　69, 122
補習授業　　41, 42
ポスト資本主義　　11

ま　行

町村文相　　39
学びからの逃走　　89, 105
学びのすすめ　　40, 41, 42

目標　　109, 115
目標に準拠した評価　　60, 117, 119, 120
森有礼　　14
問題解決能力　　42, 45
文部科学省　　38

や　行

ゆとり教育　　38, 45, 46, 66
ゆとりと充実　　33

四谷大塚　　38
四六答申　　33

ら　行

ライデン大学　　4
ライン　　67, 87
ランカスター　　87

履修主義　　51
リテラシー教育　　45
臨時教育会議　　20
臨時教育審議会　　35

ルソー　　7

レイヴ　　73

労作学校（生活学校）　　7

わ　行

若林虎三郎　　14

執筆者紹介

小川哲哉（第1章、第4章）　　　　　茨城大学教育学部教授
佐藤　環（第2章、第3章、第5章）　　茨城大学教育学部教授
生越　達（第6章、第7章、第8章）　　茨城大学教育学部教授
杉本憲子（第9章、第10章、第11章）　茨城大学教育学部准教授

教育課程・方法の論究

2013年4月12日　初版第1刷発行

著　者　　小川哲哉　佐藤環　生越達　杉本憲子
発行者　　大貫祥子
発行所　　株式会社 青簡舎
　　　　　〒101-0051　東京都千代田区神田神保町2-14
　　　　　電話　03-5213-4881
　　　　　http://www.seikansha.co.jp
印刷・製本　株式会社 太平印刷社

© T. Ogawa, T. Sato, T. Ogose, N. Sugimoto
ISBN978-4-903996-64-6　C3037　Printed in Japan 2013